Diplomica Verlag

Felix Merz

Die Arbeitsbedingungen der chinesischen Wanderarbeiter

Eine Analyse am Beispiel

des Apple-Zulieferers Foxconn

Merz, Felix: Die Arbeitsbedingungen der chinesischen Wanderarbeiter: Eine Analyse am Beispiel des Apple-Zulieferers Foxconn, Hamburg, Diplomica Verlag GmbH

ISBN: 978-3-8428-8402-1

© Diplomica Verlag GmbH, Hamburg 2012

Bibliografische Information der Deutschen Nationalbibliothek:
Die Deutsche Nationalbibliothek verzeichnet diese Publikation
in der Deutschen Nationalbibliografie;
detaillierte bibliografische Daten sind im Internet über
http://dnb.d-nb.de abrufbar.

Die digitale Ausgabe (eBook-Ausgabe) dieses Titels trägt die
ISBN 978-3-8428-3402-6 und kann über den Handel oder den
Verlag bezogen werden.

Meiner Liebe Teresa

und

meiner Familie

„Die moderne Industrie hat die kleine Werkstube des patriarchalischen Meisters in die große Fabrik des industriellen Kapitalisten verwandelt. Arbeitermassen, in der Fabrik zusammengedrängt, werden soldatisch organisiert.

Sie werden als gemeine Industriesoldaten unter die Aufsicht einer vollständigen Hierarchie von Unteroffizieren und Offizieren gestellt. Sie sind nicht nur Knechte der Bourgeoisie, des Bourgeoisstaates, sie sind täglich und stündlich geknechtet von der Maschine, von dem Aufseher und vor allem von den einzelnen fabrizierenden Bourgeois selbst.

Diese Despotie ist um so kleinlicher, gehässiger, erbitterter, je offener sie den Erwerb als ihren Zweck proklamiert."

(Karl Marx / Friedrich Engels – „Das kommunistische Manifest", 1848)

Inhaltsverzeichnis

Abbildungsverzeichnis

Tabellenverzeichnis

Abkürzungsverzeichnis

ACFTU	All-China Federation of Trade Unions
BIP	Bruttoinlandsprodukt
CAGR	Compound Annual Growth Rate
IWF	Internationaler Währungsfonds
KPCh	Kommunistische Partei Chinas
LPT	Labour Process Theory
VN	Vereinte Nationen
WTO	Welthandelsorganisation

1 Einleitung

Die Einleitung gibt im Rahmen der Problemstellung einen Überblick von der aktuellen Situation chinesischer Wanderarbeiter. Anschließend wird auf die Zielstellung und das methodische Vorgehen der Untersuchung eingegangen.

1.1 Problemstellung

Die Volksrepublik China ist heute, gemessen an ihrem Bruttoinlandsprodukt (BIP), die zweitgrößte Volkswirtschaft der Welt. Der rasante ökonomische Aufstieg und die gleichzeitige Modernisierung begannen 1978 mit den von Deng Xioping eingeleiteten öffnungspolitischen Reformen, welche allerdings von immer größeren inneren Widersprüchen geprägt waren.[1] Von den Reformen profitierten vor allem die infrastrukturstarken Küstenregionen, in denen sich ausländische arbeitsintensive Exportproduktionsstätten ansiedelten. Dagegen sind der Norden und Westen der Volksrepublik, wo rund 60 Prozent der Bevölkerung leben, bis heute so rückständig wie zum Ende der Kulturrevolution in den 1970er Jahren.[2] Das Ergebnis dieser ungleichen Entwicklungen ist eine große Einkommensdisparität zwischen den Stadtbewohnern des Ostens und der restlichen Landbevölkerung.

Doch nicht nur die wirtschaftlichen Reformen führten zu einer Ungleichheit innerhalb der Gesellschaft. Auch die politische Institutionalisierung des Haushaltsregistrierungssystems ‚Hukou' trennt Stadt- und Landbewohner, vor allem hinsichtlich ihres Zugangs zu sozialer Absicherung sowie ihren Möglichkeiten in beruflicher und persönlicher Entwicklung. Die Folge dieser Ungleichheiten und Ungerechtigkeiten ist eine zunehmende Landflucht bzw. Binnenmigration in den Osten der Volksrepublik.[3]

Die Landflüchtigen, meist ausschließlich junge Menschen, erhoffen sich in den Städten bessere Lebensumstände für sich selbst und um ihre auf dem Land verbliebenen Familien versorgen zu können. Ihre Zahl ist seit den 1980er Jahren auf mehr als 230 Millionen gestiegen – mehr als ein Sechstel der chinesischen Bevölkerung.[4]

---

[1] Vgl. Borke et al. (2011): S. 17; vgl. Seliger (2006): S. 9; vgl. ten Brink (2010): S. 9.
[2] Vgl. Gießmann (2009): S. 6; vgl. Follath (1998): S. 142.
[3] Vgl. Chan/Buckingham (2008): S. 584 f.
[4] Vgl. Heberer (2010): S. 70; vgl. Aaronson (2010): S. 17; vgl. Lange (2007): online; vgl. Lietsch (2008): online; vgl. Arrighi (2007): S. 481.

Sie, die Wanderarbeiter, sind das mobile Rückgrat des chinesischen Wachstums und führen arbeitsintensive Tätigkeiten im Sinne einer tayloristisch-fordistischen Arbeitsorganisation[5] unter prekären Bedingungen und strikter Kontrolle aus.[6] Die Unternehmen sind auf dieses große Arbeitskräftereservoir angewiesen, um den internationalen Wettbewerbsvorteil Chinas – niedrige Lohnstückkosten – in unglaubliche Wachstumsraten umzusetzen. Deswegen nutzen sie ihre beträchtliche Macht, die ihnen durch die Kontrolle wichtiger volkswirtschaftlicher Ressourcen wie Kapital, Arbeit und Wissen sowie durch die enge Bindung zur Parteiführung und zu den Lokalregierungen verliehen wird, zur Ausbeutung und Unterdrückung der Wanderarbeiter aus. Die Regierung ist ebenfalls, vor dem Hintergrund ihrer politischen Stabilität und Legitimität, darauf angewiesen, dass die Millionen Wanderarbeiter in den Städten einen Platz und bei den Unternehmen eine Arbeit finden. Deswegen toleriert sie die prekären Arbeitsbedingungen und propagiert gleichzeitig soziale Gleichheit und Gerechtigkeit.[7]

Doch die Wanderarbeiter fordern zunehmend bessere Arbeitsbedingungen; meist in Form von aufsehenerregenden Arbeitskämpfen. Die Zunahme der Protesthäufigkeit in den letzten Jahren ist u.a. auch zum großen Teil auf die Weltwirtschaftskrise seit 2008 zurückzuführen, welche schätzungsweise bis zu 30 Millionen Wanderarbeiter in die Arbeitslosigkeit schickte.[8] Eines der bekanntesten, auch global in den Medien präsentesten Aufbegehren waren die Proteste der Arbeiter des Unternehmens Foxconn im Jahr 2010; das mit über einer Million Beschäftigen größte Elektronikfertigungsunternehmen der Welt, zu dessen Kunden bspw. Apple, Dell, Nokia und Sony gehören.[9] 16 Menschen begingen innerhalb nur weniger Monate Selbstmord, weitere versuchten es.[10] Dabei stand Foxconn schon seit 2006 wegen unmenschlicher Arbeitsbedingungen und menschenunwürdiger Bezahlung von Wanderarbeitern öffentlich in der Kritik.

---

[5] Einige Studien sprechen allerdings nicht von einem Produktionssystem originär nach Frederic W. Taylor und Henry Ford, sondern von einem neo-tayloristischen Arbeitsregime, da u.a. (gesellschaftspolitische) Mechanismen zur Sicherstellung einer relativ gleichförmigen Entfaltung der industriellen Produktivität ebenso fehlen wie das Phänomen des standardisierten Massenkonsums. Siehe dazu bspw. Hürtgen et al. (2009) und Lüthje (2008).

[6] Vgl. Kreft (2006): S. 17; vgl. ten Brink (2010): S. 13; vgl. Lüthje (2007): S. 201 ff.

[7] Vgl. ten Brink (2010): S. 13 f.; vgl. Chan/Pun (2010): online.

[8] Vgl. Chan/Pun (2010): online; vgl. o.V. (2010a): S. 4.

[9] Vgl. Maier/Rickens (2011): S. 44; vgl. o.V. (2010a): S. 3; vgl. Liang-chih/Huang (2010): online; vgl. Lüthje (2007): S. 205.

[10] Vgl. Mayer-Kuckuk (2012): online.

1.2 Zielstellung

Bisher gibt es eine Vielzahl an Studien über chinesische Wanderarbeiter mit unter-schiedlichem Fokus. Einige Untersuchungen skizzieren die Lebens- und Arbeitsbe-dingungen der Wanderarbeiter oder heben Ursachen und Gründe ihrer massiven Migration hervor. Andere untersuchen spezielle Ereignisse, bspw. Wirtschaftskrisen, Proteste und Streiks oder politische Reformen und deren Auswirkungen auf die Wanderarbeiter.[11] Bislang ist damit die wissenschaftliche Behandlung über Formen der organisationalen Kontrolle chinesischer Wanderarbeiter nur defizitär.

Ziel der Untersuchung ist es daher, aufbauend auf dem aktuellen Forschungsstand, die chinesischen Wanderarbeiter aus Sicht organisationaler Kontrolltheorien zu analysieren, um zu einem besseren Verständnis ihrer Arbeits- und Lebensbedingun-gen beizutragen. Gleichzeitig soll sie einen Beitrag dazu leisten, das wissenschaftli-che Forschungsdefizit auszugleichen.

Einerseits wird dabei die organisationale Kontrolle der Wanderarbeiter auf Unter-nehmensebene, speziell die des Produktionsprozesses an Hand der Arbeitsbedin-gungen des Unternehmens Foxconn, mit Hilfe der beiden Vertreter der neomarxisti-schen Arbeitsprozesstheorie Harry Braverman und Richard Edwards analysiert. Andererseits werden außerorganisationale bzw. gesellschaftliche Kontrollformen aus theoretischer Sicht Steward R. Cleggs betrachtet.

1.3 Methodisches Vorgehen

Im Anschluss an die Einleitung werden im zweiten Kapitel die notwendigen **Grund-lagen** für ein gutes Verständnis der weiteren Ausführungen begehandelt. Darin erfolgt zunächst ein kurzer geschichtlicher Abriss sowie die Darstellung politischer, wirtschaftlicher und gesellschaftlicher Grundfakten zur Volksrepublik China. An-schließend werden die chinesischen Wanderarbeiter, die Ursachen ihrer Entstehung sowie ihre sozioökonomischen Lebens- und Arbeitsbedingungen dargestellt. Ab-

---

[11] Siehe dazu bspw. folgende Untersuchungen: Chan (2010a) und (2010b); Hsu et al. (2010); König (2010); Chan/Pun (2009); Schucher (2009); Watson (2009); Ye (2009); Chan/Buckingham (2008); Zhao (2005); Fan (2004), (2002) und (1999); Liang (2001).

schließend erfolgt die Erläuterung grundlegender Begrifflichkeiten der organisationalen Kontrolltheorien, die Junktims Organisation und Kontrolle.

Das dritte Kapitel führt zunächst überblicksartig in die **Theorien organisationaler Kontrolle** ein. Anschließend werden die theoretischen Ansätze von Harry Braverman, Richard Edwards und Steward R. Clegg, welche für die spätere Analyse verwendet werden, detailliert dargestellt. Diesen Ausführungen wird eine Begründung, warum sich für diese Ansätze entschieden wurde, vorangestellt.

Im vierten Kapitel erfolgt eine Analyse der **organisationalen Kontrolle am Beispiel des Unternehmens Foxconn**. Dabei wird zuerst das Unternehmen kurz vorgestellt. Im Anschluss daran erfolgt eine aufbereitete Darstellung der Arbeitsbedingungen der chinesischen Wanderarbeiter bei Foxconn. Abschließend wird eine theoriegeleitete Analyse dieser Bedingungen sowie der gesellschaftlichen Umwelt durchgeführt. Die dabei angewandte Methodik ist die Sekundäranalyse.

Im **Schluss** des Buches werden die Ergebnisse zusammengefasst, die Untersuchung kritisch reflektiert und ein Ausblick gegeben.

2 Grundlagen

Ziel dieses Kapitels ist es, die Grundlagen der vorliegenden Untersuchung darzustellen. Dabei soll zunächst die Volksrepublik China durch eine kurze Abhandlung der chinesischen Geschichte sowie durch Darstellung grundsätzlicher Fakten zu Politik, Wirtschaft und Gesellschaft vorgestellt werden. Der zweite Teil befasst sich mit den chinesischen Wanderarbeitern und schildert die Ursachen ihrer Entstehung sowie ihre sozioökonomischen Lebens- und Arbeitsbedingungen.[12] Abschließend erfolgt eine Erläuterung der grundlegenden Begriffe der organisationalen Kontrolltheorien, die Junktims Organisation und Kontrolle.

2.1 Volksrepublik China

Die im Osten des asiatischen Kontinents gelegene Volksrepublik China bezeichnet sich selbst, dem altchinesischen Namen ‚Zhonghua Renmin Gongheguo‘ nach, als das ‚Reich der Mitte‘.[13] China ist mit rund 1,3 Milliarden Menschen, etwa einem Fünftel der Weltbevölkerung, das bevölkerungsreichste und mit ca. 9,6 Millionen Quadratkilometern das drittgrößte Land. Die Hauptstadt Peking verzeichnet ca. 19,7 Millionen Einwohner.[14] Der aktuelle Zustand der Volksrepublik lässt sich wie folgt beschreiben:

> „China geht durch drei Revolutionen gleichzeitig: die Industrialisierung, die Urbanisierung und die Transformation in eine Marktwirtschaft. Der Übergang von einer kommunistischen Planwirtschaft und konfuzianischen Guanxi-Wirtschaft, die auf persönliche Beziehungen beruht, zu einer Marktwirtschaft ist 1997 in eine zweite entscheidende Phase eingetreten. Dengs Refom, die nur Gewinner kannte, führte notwendig weiter zu Jiangs Zemins ‚Reform mit Tränen‘, in der die sozialen Übergangskosten der Modernisierung und Liberalisierung zu bezahlen sind: Arbeitslosigkeit, Ungleichheit, Korruption, Entwurzelung, Kriminalität. Zu Beginn des 21. Jahrhunderts ist China in die riskanteste Wegstrecke seines Wiederaufstiegs eingetreten."[15]

---

[12] Bei der Aufbereitung von Daten muss berücksichtigt werden, dass meist offiziell von chinesischen Institutionen veröffentliche Sozial- und Wirtschaftsstatistiken aufgrund politischer Rücksicht oder administrativer Mängel in der Informationserfassung durch systematische oder massive Verzerrungen und Beschönigungen gekennzeichnet sind. Daher wurde im Rahmen dieser Arbeit soweit möglich auf statistisches Datenmaterial internationaler Institutionen zurückgegriffen.
[13] Vgl. Friedrich (2005): S. 61.
[14] Vgl. Auswärtiges Amt (2011): online.
[15] Seitz (2006): S. 443.

Unabdingbar für ein tieferes Verständnis dieser Veränderungstendenzen im modernen China ist die Betrachtung seiner **historischen Entwicklung**. Nachfolgend wird allerdings nur auf die geschichtlichen Ereignisse ab 1949 eingegangen.[16]

Am 1. Oktober 1949 rief der damals Vorsitzende der Kommunistischen Partei Chinas (KPCh) Mao Tsetung in Peking die Volksrepublik China aus.[17] Es folgte ein konsequenter sozialistischer Umbau des Landes, indem Großgrundbesitzer und Kapitalisten enteignet und unterdrückt, das Land (Boden) umverteilt und die Planwirtschaft eingeführt wurden. Mao führte radikale Entwicklungsexperimente und Massenkampagnen durch. 1958 erfolgte mit dem ‚Großen Sprung nach Vorne' ein Versuch industrieller Modernisierung, um ökonomische und technische Vorbedingungen wettzumachen und ein schnelles Wirtschaftswachstum zu stimulieren. Dies war der Beginn der massiven Wanderungsbewegungen, die bis in die heutige Zeit anhalten. Allerdings mündete dieser Industrialisierungsversuch in den Hungersnöten der ‚Drei bitteren Jahre' von 1959 bis 1961, dem schätzungsweise 30 Millionen Menschen zu Opfer fielen – was damals einem Dreißigstel der Bevölkerung entsprach.[18] Um die daraufhin entfachten Machtkämpfe innerhalb der KPCh zu beenden, leitete Mao 1966 die ‚Große Proletarische Kulturrevolution' zur politischen Mobilmachung der Landbevölkerung ein. Intellektuelle und revolutionär Andersdenkende sollten durch die sog. Roten Garden, eine Art Gesinnungspolizei, ausgeschaltet werden, indem diese öffentlich verfolgt, gefoltert oder in Arbeitslager deportiert wurden. Diesen Aktionen fielen erneut mindestens drei Millionen Menschen zum Opfer.[19]

Nachdem Mao 1976 starb, wurde Deng Xiaoping sein Nachfolger. Da das Land durch die Reformen Maos in ein entsetzliches Chaos geworfen wurde, ein großer Mangel an Devisen herrschte sowie niedrige Faktorproduktivität und technologische Rückständigkeit allgegenwärtig waren, erklärte Deng 1978 die ‚Sozialistische Modernisierung der Wirtschaft' zum Mittelpunkt der politischen und wirtschaftlichen Reformen, jedoch unter Beibehaltung der Einparteiherrschaft der KPCh. Damit wurden die

---

[16] Für umfassendere Informationen zur chinesischen Geschichte, speziell auch derer vor 1949 siehe bspw. Schmidt-Glintzer (2006), Grasso et al. (2009) oder Lovell (2007) sowie die dort angegebene Literatur.
[17] Vgl. Zinzius (2007): S. 3.
[18] Vgl. Heilmann (2005b): S. 6 f.; vgl. Jay (2006): S. 396 f.; vgl. Liang (2001): S. 500; vgl. Hartmann (2006): S. 44; vgl. Gottschalk (2011): S. 98 ff.
[19] Vgl. Stahl/Mihr (1995): S. 140; vgl. Zinzius (2007): S. 5; vgl. Saller (2011): S. 112 ff.

‚vier Modernisierungen' von Landwirtschaft, Industrie, Verteidigung und Wissenschaft sowie die wirtschaftliche Liberalisierung und Öffnung zum Westen eingeleitet, um die Rückständigkeit der Volksrepublik zu überwinden.[20] Im Rahmen dieser Reformen erfolgte die Entkollektivierung der Landwirtschaft hin zur kleinbäuerlichen Produktion, die Steigerung der Entscheidungsautonomie in Betrieben sowie die begrenzte Zulassung privater Unternehmen. Außerdem sollte mit der Öffnung zum Westen gezielt ausländisches Kapital ins Land geleitet werden, um die Wirtschaft anzuregen. Die kommunistische Führung subventionierte die Entwicklung neuer Industriezweige, die Errichtung von Sonderwirtschaftszonen[21] sowie den Aufbau und die Modernisierung der Infrastruktur.[22] Speziell diese ziehen seit dem mehr als Dreiviertel der ausländischen Direktinvestitionen an, da ausländische Unternehmen in den Zonen besondere Freiheiten genießen – ca. 90 Prozent aller Exporte der Volksrepublik werden dort abgewickelt.[23]

Die außenpolitische Öffnung und wirtschaftliche Liberalisierung führten allerdings, neben dem gewünschten Effekt des wirtschaftlichen Aufschwungs, auch zu einem enormen Anstieg der Einkommensunterschiede zwischen Stadt und Land und resultierten in einer Verschlechterung der materiellen Lage breiter Gesellschaftsteile, speziell von Studenten und Landbewohnern. Die Folge waren zunehmende Proteste, welche, begleitet von dem Wunsch nach mehr Freiheit und Demokratie (die ‚fünfte Modernisierung'), 1989 auf dem Platz des Himmlischen Friedens in Peking ihren Höhepunkt fanden.[24] Am 4. Juni 1989 wurden durch das Militär und einer anschließenden Verhaftungs- und Hinrichtungswelle, bei der tausende Demonstranten ihr Leben verloren, die Proteste niedergeschlagen.

Die KPCh hielt dennoch an ihrem politisch-wirtschaftlichem Ziel der ‚sozialistischen Marktwirtschaft chinesischer Prägung' durch weitere Reformen, bspw. der Befreiung der Gütermärkte von planwirtschaftlichen Elementen oder der Einräumung freier

---

[20] Vgl. Schütze (1995): S. 29; vgl. Heilmann (2005b): S. 8; vgl. Krugman (2009): S. 19; vgl. Gareis (2008): S. 166; vgl. Filzmaier et al. (2006): S. 226 ff.
[21] Die Sonderwirtschaftszonen sind die Provinzen Shenzhen, Zhuhai, Shantou, Xiamen, Pudong und Hainan.
[22] Vgl. Sandschneider (2007): S. 58; vgl. Himmelmann/Hungerbach (2008): S. 235.
[23] Vgl. Schmalz (2006): S. 32.
[24] Vgl. Schütze (1995): S. 45; vgl. Becker/Staub (2008): S. 36.

Arbeitgeberwahl, fest.[25] 1996 wurde China in den Internationalen Währungsfonds (IWF) und die Weltbank aufgenommen. Nach Dengs Tod 1997 setzte dessen Nachfolger Jiang Zemin das Reformwerk u.a. durch die Bekämpfung der Korruption, die wirtschaftliche Erschließung Zentral- und Westchinas, die Teilprivatisierung von kleinen und mittleren staatseigenen Unternehmen und durch den Beitritt zur Welthandelsorganisation (WTO) 2001 fort.[26] Durch die zunehmende Außenöffnung und internationale Integration sowie durch ihr enormes Wirtschaftswachstum hat die Volksrepublik weltweit mehr wirtschaftliches und politisches Gewicht bekommen, was sich auch in den bislang letzten beiden Großereignissen widerspiegelt: der Austragung der Olympischen Sommerspiele 2008 und der Weltausstellung in Shanghai 2010.

Im Folgenden werden Grundfakten zu Politik, Wirtschaft und Gesellschaft in einem kurzen Überblick dargestellt.

Das **politische System** Chinas ist eine autoritäre sozialistische Einparteidiktatur, welche durch ein zentralisiertes Machtmonopol der KPCh, eine Doppelstruktur von Partei und Staat sowie durch das Fehlen einer Opposition und Gewaltenteilung gekennzeichnet ist.[27] Die kommunistische Partei legitimiert ihre Alleinherrschaft durch die mit der wirtschaftlichen Entwicklung verbundene Erhöhung des Lebensstandards sowie durch soziale und politische Stabilität. Das höchste parlamentarische Staatsorgan ist der Nationale Volkskongress, welcher den Staatspräsidenten und gleichzeitigen Generalsekretär der KPCh wählt. Derzeit hat dieses Amt Hu Jintao inne. Ministerpräsident des Staatsrates und damit Regierungschef der Zentralregierung ist aktuell Wen Jiabao.[28]

---

[25] Vgl. Becker/Staub (2008): S. 38.
[26] Bis zu den Reformen hatten die Angestellten und Arbeiter der Staatsunternehmen, den sog. ,eisernen Reisschüsseln', Anspruch auf einen Mindestlohn sowie auf volle soziale Absicherung, wie bspw. Arbeitsplatzgarantie, Stellung einer Wohnung, medizinische Versorgung, Weiterbildungsmaßnahmen, Krankenversicherung und Altersvorsorge (vgl. Pries [2010]: S. 77; vgl. Kim [2006]: S. 164; vgl. Kuruvilla/Erickson [2002]: S. 205; vgl. Chan [2006]: S. 92; vgl. Sandschneider [2007]: S. 81; vgl. Taylor   [2002]: S. 250; vgl. de Haan [2010]: S. 76).
[27] Vgl. Heilmann (2008): online; vgl. Heilmann (2007): S. 181 ff.
[28] Vgl. Auswärtiges Amt (2011): online; vgl. Heilmann (2005a): S. 23; vgl. Heberer (2010): S. 30.

Offiziell ist die Volksrepublik ein zentralistischer Einheitsstaat, dessen kommunisti-sche Zentralregierung praktisch uneingeschränkte Entscheidungs- und Verfügungs-befugnisse über die ihr untergeordneten Provinzen hat. Dennoch gibt es innerhalb der KPCh, abseits der sozialistisch-kommunistischen Parteiideologie, auch andere Elemente. Vor allem in den wirtschaftlich florierenden Küstenregionen stehen zu-nehmend ökonomisch-pragmatische, an den Markterfordernissen ausgerichtete Interessen im Vordergrund, welche in einer engen Verflechtung von Partei, Verwal-tung und Wirtschaft resultieren.[29] Seit den 1990er Jahren ist in diesen Regionen vermehrt zu beobachten, dass immer mehr nicht-chinesische Wirtschaftsakteure, vor allem westliche Unternehmen, Einfluss auf die Lizenz- und Auftragsvergabe sowie auf wirtschafts- und sozialpolitische Entscheidungen nehmen, um sich die Gunst der Lokal- und Provinzregionen durch Lobbyismus und Korruption zu verschaffen. Dies ist deshalb möglich, da in den Regionen eine starke Konkurrenz um die Ansiedlung ausländischer Investoren herrscht und in der Volksrepublik China grundsätzlich Parteiämtern mehr Macht zugesprochen wird als Staatsämtern.[30]

Die (Volks-) **Wirtschaft** Chinas befindet sich seit den eingeleiteten Reformen der 1980er Jahre in der Transformation von einer Planwirtschaft zu einer sozialistischen Marktwirtschaft, in der der Staat weiterhin die Fäden in der Hand behält.[31] Tabelle 1 stellt nachfolgend wichtige makroökonomische Kennzahlen Chinas im Vergleich zu Deutschland dar:

---

[29] Vgl. Heberer (2010): S. 26 ff.; vgl. Heberer (2008): S. 41 ff.; vgl. Berg/Holtbrügge (2002): S. 37 ff.; vgl. Pries (2010): S. 90.
[30] Vgl. ten Brink (2010): S. 11 f.; vgl. Heilmann (2004): S. 63.
[31] Vgl. Fan (2004): S. 286.

Tabelle 1: Makroökonomische Kennzahlen der Volksrepublik China im Vergleich zu Deutschland[32]

Indikator	2009	2010	Deutschland 2010
BIP *(Mrd. US-Dollar)*	4.991	5.878	3.313,4
BIP-Wachstum *(Prozent)*	9,1	10,3	3,6
BIP pro Kopf *(US-Dollar)*	3.739	4.382	40.407
Inflation *(Prozent)*	-0,7	3,3	1,1
Arbeitslosigkeit *(Prozent)*	4,2	4,3	7,3
Außenhandel *(Mrd. US-Dollar)* Export Import Saldo	 1.201,7 1.005,6 196,1	 1.577,9 1.394,8 183,1	 959,5 806,2 153,4

Gemessen am BIP, welches in der letzten Dekade durchschnittlich ein Wachstum von zehn Prozent auswies, ist China die zweitgrößte Volkswirtschaft der Welt hinter den Vereinigten Staaten. Im ersten Quartal 2011 ist die chinesische Wirtschaft erneut kräftig um 9,75 Prozent gewachsen.[33] Die treibenden Kräfte des gigantischen Wirtschaftswachstums seit Dengs Reformpolitik sind die regulierte Außenöffnung und die damit verbundenen ausländischen Direktinvestitionen und Joint Ventures, der Technologietransfer, die riesige ‚industrielle Reservearmee' der Wanderarbeiter sowie das Exportgeschäft.[34] 2010 stiegen die Ausfuhren gegenüber dem Vorjahr erneut kräftig um 31,3 Prozent. Durch die boomende Exportwirtschaft der letzten

---

[32] Eigene Darstellung mit Daten von Germany Trade & Invest (2011a) und (2011b): online.
[33] Vgl. Deutsche Bundesbank (2011): S. 15; vgl. Borke et al. (2011): S. 17; vgl. o.V. (2010b): online.
[34] Vgl. Schmalz (2006): S. 33; vgl. Heilig (2005): S. 14.

Jahre konnte sich die Volksrepublik, mit fast drei Billionen US-Dollar, die größten Währungsreserven weltweit anhäufen.[35]

Die Preisentwicklung war in den letzten Jahren ein Auf und Ab. Nach einer negativen Inflationsrate 2009, dem Jahr der Weltwirtschaftskrise, stieg diese im Jahr 2010 erneut deutlich mit 3,3 Prozent. Das Vorkrisenniveau wurde im ersten Quartal 2011 mit einer Teuerungsrate von 5,3 Prozent wieder erreicht.[36] Die Haupttreiber waren vor allem Nahrungsmittel und Energie.

In der Volksrepublik gab es 2009 nach offiziell bestätigten Angaben 780 Millionen Erwerbstätige, wovon 311 Millionen auf die Städte entfielen, von denen wiederum knapp 50 Prozent Wanderarbeiter waren. In den urbanen Regionen gab es 2009 9,2 Millionen registrierte Arbeitslose, was einer Arbeitslosenquote von 4,3 Prozent entspricht. Internationale Institutionen schätzen allerdings die urbane Arbeitslosigkeit, unter Berücksichtigung der nicht in den Städten registrierten Wanderarbeiter, auf mindestens 8,5 Prozent und die ländliche Arbeitslosigkeit auf ca. 30 Prozent.[37]

In einer sektoralen Betrachtung der chinesischen Wirtschaft zeigt sich eine massive Veränderung innerhalb der letzten 35 Jahre. Betrug 1978 der Anteil des Primärsektors noch 27,9 Prozent an der gesamtwirtschaftlichen BIP-Entstehung, so waren es 2010 noch 10,2 Prozent. Der Beitrag des Sekundärsektors sank nur leicht von 47,9 Prozent auf 46,8 Prozent und der Anteil des Tertiärsektors stieg kräftig von 24,2 Prozent auf 43 Prozent.[38] Trotz des erheblichen Rückgangs des primären Sektors, ist dieser weiterhin ein Hauptwirtschaftsbereich Chinas. Nicht nur weil er die Ernährung der chinesischen Bevölkerung sicherstellt, sondern auch deshalb, weil er 2009 immer noch 38 Prozent aller Erwerbstätigen beschäftigte. Im Sekundärsektor waren 2009 28 Prozent aller Erwerbstätigen berufstätig.[39] Der Hauptteil dieses Sektors liegt im Osten des Landes, vor allem in den Sonderwirtschaftszonen. Bedeutungsvoll ist allerdings die Veränderung innerhalb des Sektors; weg von der Schwerindustrie, hin

---

[35] Vgl. Germany Trade & Invest (2011b): online.
[36] Vgl. Bundesbank (2011): S. 16.
[37] Vgl. Botschaft der Bundesrepublik Deutschland in Peking (2011): online; vgl. Cai et al. (2009): S. 3.
[38] Vgl. Taube (2007): S. 257 f.; vgl. Germany Trade & Invest (2011b): online.
[39] Vgl. Botschaft der Bundesrepublik Deutschland in Peking (2011): online. Der hohe Beschäftigungsanteil in der Landwirtschaft, in der keine besonders hohe Wertschöpfung stattfindet, belegt wiederum, dass China immer noch ein wenig entwickeltes Land ist.

zur leichtindustriellen Fertigung von Bekleidung, Textilien und elektronischen Geräten.[40] Der Tertiärsektor beschäftigte 2009 34 Prozent aller Erwerbstätigen und lag damit deutlich über dem sekundären Sektor.[41] Seit dem Beitritt zur WTO und der damit verbundenen Außenöffnung des tertiären Sektors nehmen Engagements aus dem Ausland, vor allem im bis dahin unterentwickelten Banken- und Versicherungsbereich, zu.[42]

Trotz des hohen Wirtschaftswachstums und der boomenden Metropolen an der Ostküste ist China, gemessen am BIP pro Kopf und der Rückständigkeit der ländlichen Regionen, immer noch ein Entwicklungsland.[43] Gerade durch die strukturellen Veränderungen im Land bergen nicht nur Jugendliche und akademische Fachkräfte, aufgrund ihrer Aussichtslosigkeit auf Arbeit, ein großes soziales Unruhepotenzial, sondern auch die Wanderarbeiter. Ausführlicheres dazu im Abschnitt 2.2.

Die chinesische **Gesellschaft** setzt sich aus 56 Ethnien zusammen, wobei die Han-Chinesen mit rund 92 Prozent dominieren. Andere nationale Minderheiten, wie bspw. die Tibeter oder Uiguren, leben überwiegend in autonomen Gebieten und Bezirken.[44] Die wichtigsten Religionen in China sind der Buddhismus, der Daoismus und der Islam. Den größten kultur-, verhaltens- und identitätsstiftenden Einfluss übt die moralphilosophische Lehre des Konfuzianismus aus, welche bis heute die gesellschaftlichen Regeln und nahezu alle Lebensbereiche entscheidend prägt und u.a. hierarchisches Denken und Handeln in Wirtschaft und Politik legitimiert.[45]

---

[40] Vgl. Geissbauer (1996): S. 21.
[41] Vgl. Botschaft der Bundesrepublik Deutschland in Peking (2011): online.
[42] Vgl. Menshausen (2007): S. 3.
[43] Vgl. Heberer (2010): S. 122; vgl. Holtbrügge/Puck (2008): S. 43.
[44] Vgl. VEB Bibliographisches Institut Leipzig (1985): S. 361.
[45] Vgl. Ming-Jer (2004): S. 34; vgl. Zinzius (2007): S. 46; vgl. Negt (2006): S. 14. Für eine umfassende Darstellung zur chinesischen Kultur siehe bspw. Grabner-Haider (2006) sowie die dort angegebene Literatur.

Hinsichtlich der demografischen Entwicklung gibt es mehrere charakteristische Entwicklungstendenzen. Zum einen ist aufgrund der praktizierten ‚Einkind-Politik' und einem steigenden Anteil der männlichen Bevölkerung ein beschleunigter Alterungsprozess der chinesischen Gesellschaft zu beobachten, der zu einer zunehmenden Überalterung der Gesellschaft und einem stagnierenden Bevölkerungswachstum führt.[46] Derzeit sind rund 13 Prozent der Menschen über 60 Jahre; 2020 sollen es schätzungsweise 20 Prozent sein.[47] Die Anzahl der Rentner wächst somit schneller als die der Erwerbstätigen. Die Folgen dieses Prozesses sind drohende Beschäftigungsprobleme sowie die Belastung und Erodierung der sozialen Absicherung, speziell der Altersversorgung auf dem Land, und der traditionellen Familienstrukturen.[48] Zum anderen verschiebt sich die demografische Verteilung aufgrund einer immensen Urbanisierung zunehmend vom Land in die Städte. Derzeit leben schätzungsweise 60 Prozent der Bevölkerung auf dem Land in agrarisch geprägten Regionen; bis 2040 wird der Anteil auf 30-40 Prozent fallen.[49] Die Folge dieser Entwicklungen ist, dass die urbanen Regionen allmählich die Grenzen ihrer Aufnahmekapazität aufgrund mangelnder Unterkunfts- und Versorgungsmöglichkeiten erreichen, was die Gefahr zunehmender Kriminalität und die Bildung von Slams erhöht. Abbildung 1 illustriert noch einmal zusammenfassend die demografische Entwicklung:

---

[46] In Anlehnung an die Definition der Vereinten Nationen (VN) gilt ein Staat als überaltert, wenn zehn Prozent seiner Bevölkerung älter als 60 Jahre oder sieben Prozent älter als 65 Jahre sind (vgl. Krieg/Schädler [1995]: S. 60 f.).
[47] Vgl. Economist (2011a): online.
[48] Vgl. Kreft (2006): S. 18; vgl. Chen (2009): S. 173.
[49] Vgl. Kreft (2006): S. 16; vgl. Heberer (2005): S. 37; vgl. Zhang (2005): S. 131. Die Wanderarbeiter tragen allerdings nur einen geringen Teil zur Urbanisierung bei, da nur wenige einen festen offiziellen Wohnsitz in den Städten beziehen dürfen (vgl. Hebel/Schucher [1999]: S. 189).

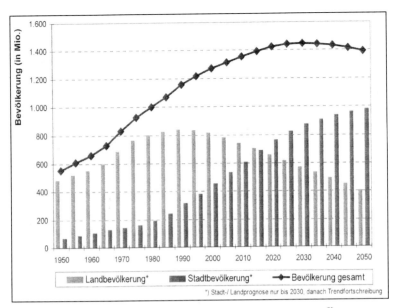

Abbildung 1: Bevölkerungsentwicklung in Stadt und Land[50]

Ein weiteres gesamtgesellschaftliches Merkmal ist die zunehmende relative Un-gleichheit der Gesellschaft. Der Gini-Koeffizient, ein Maß zur Messung der Einkom-mensverteilung, wobei Eins völlige Ungleichheit und Null absolute Gleichheit bedeu-ten, liegt seit 2008 über 0,5, während er 1978 noch einen Wert von rund 0,2 hatte. Insbesondere bestehen enorme Einkommensdisparitäten zwischen Land- und Stadtregionen, Branchen sowie innerhalb sozialer Schichten. Außerdem ist aufgrund des ‚Hukou-Systems' der Zugang zu Bildung und sozialer Absicherung, welcher als unzulänglich und unzuverlässig gilt, nur bestimmten Teilen der Bevölkerung mög-lich.[51] Mehr dazu im Abschnitt 2.2.

---

[50] Becker/Staub (2008): S. 239.
[51] Vgl. Schmalz (2006): S. 32; vgl. Heberer (2010): S. 66 f.; vgl. Zhang (2005): S. 135. Im Vergleich dazu beträgt der Gini-Koeffizient für Deutschland derzeit ca. 0,28.

Neben den bereits erwähnten Problemen, sind die Zensur der unabhängigen kritischen Öffentlichkeit, die Einhaltung der Bürger-, Menschen- und Eigentumsrechte sowie die Versammlungsfreiheit weitere ungelöste gesellschaftspolitische Fragen im heutigen China.[52]

2.2 Wanderarbeiter

Im Rahmen dieser Untersuchung umfasst der Terminus Wanderarbeiter binnenchinesische Migranten, welche ihren offiziellen Wohnsitz auf dem Land haben, aber zum Zweck der Arbeitssuche in die wirtschaftlich florierenden östlichen Küstenregionen des Landes, vornehmlich in die Provinzen der Sonderwirtschaftszonen migrieren.[53] Ihre Zahl beträgt zurzeit schätzungsweise 230 Millionen; jährlich werden es bis zu 20 Millionen mehr und bis 2015 sollen es 300 Millionen sein. Für die wirtschaftliche Entwicklung der Volksrepublik bilden sie das mobile Rückgrat, da sie vor allem in der privaten multinationalen Exportwirtschaft zu niedrigen Löhnen beschäftigt sind.[54] Allein 2007 betrug der Anteil der Wanderarbeiter am BIP von Shanghai oder Peking rund 30 Prozent.[55]

Die **Ursachen** dieser immensen Landflucht liegen zum einen im chinesischen Haushaltsregistrierungssystem ‚Hukou' begründet, zum anderen in der ungleichen Einkommensverteilung und zunehmenden ländlichen Arbeitslosigkeit.

Das ‚Hukou-System' ist die staatliche Wohnsitzkontrolle zur Mobilitätssteuerung der Bevölkerung, welches unter Mao eingeführt wurde, um eine massive Landflucht durch die wirtschaftlichen und politischen Maßnahmen zur Industrialisierung des Ostens zu verhindern und die Stadtentwicklung zu stabilisieren. Gleichzeitig sollte damit aber auch die Produktion preiswerter landwirtschaftlicher Produkte zur Versor-

---

[52] Vgl. Negt (2006): S. 18.
[53] Vgl. Zhao (2005): S. 290 ff.; vgl. Watson (2009): S. 88. Neben dieser Form der Migration gibt es auch die ‚Wanderung' von Chinesen mit städtischen Wohnsitz (‚Hukou'), welche von Stadt zu Stadt sowie von der   Stadt aufs Land ziehen. Eine weitere Form ist die Migration von einer ländlichen Region bzw. Provinz in eine andere. Problematisch sind diese Migrationsbewegungen nicht, da sie, im Gegensatz zur Migration vom Land in die Stadt, von der politischen Führung zugelassen, teilweise gewünscht oder geplant sind. Die beiden häufigsten Motive für diese Formen der Migration sind Arbeitsplatzwechsel oder Heirat. Näheres dazu siehe bspw. bei Fan (1999), Liang (2001) und Chan/Buckingham (2008).
[54] Vgl. Heberer (2010): S. 70; vgl. Opitz (2010): S. 24; vgl. Arrighi (2007): S. 467; vgl. Lange (2007): online; vgl. Aaronson (2010): S. 17.
[55] Vgl. Chan (2010b): S. 363.

gung der Bevölkerung sichergestellt werden.[56] Die Funktion des ‚Hukou-Systems'
lässt sich wie folgt beschreiben:

> „The hukou is a record of an individual's registration classification and registra-
> tion location and is usually passed from one generation to the next. Registra-
> tion classification refers to the 'nonagricultural' and 'agricultural' categories,
> designated respectively to urban population entitled to state benefits and sub-
> sidies, and rural population who receive little state support other than the right
> to farm."[57]

Das bedeutet, dass durch das ‚Hukou-System' Stadt- und Landbewohner getrennt
werden. Gleichzeitig sind daran das Recht auf soziale Absicherung, der sozioöko-
nomische Status sowie die beruflichen und persönlichen (Entwicklungs-) Möglichkeiten (bspw. Heirat) gekoppelt. Dadurch wurde eine Art zwei Klassengesellschaft
eingeführt, wonach die Stadtbevölkerung im industriellen Sektor und die Landbevölkerung in der Landwirtschaft arbeiten sollte.[58]

Mit dem wirtschaftlichen Aufschwung seit den 1980er Jahren und dem damit verbundenen erhöhten Arbeitskräftebedarf in den Wirtschaftszentren wurden für die entsprechenden Gebiete die Anforderungen schrittweise gelockert. Demnach durften
temporäre Vertragsarbeiter, die eigenständige Lebensversorgung vorausgesetzt, in
die Städte ziehen, allerdings unter Beibehaltung der Benachteiligung gegenüber der
städtischen Erwerbsbevölkerung.[59] Diese Art des Verfahrens ist bis heute üblich,
allerdings bleibt den meisten Landbewohnern eine behördliche Genehmigung für die
offizielle Umsiedlung in die Stadt verwehrt. Dadurch werden ihnen weiterhin weder
Arbeitsrechte noch staatsbürgerliche Rechte zugestanden. Gerade die soziale
Absicherung, wie bspw. die medizinische Versorgung sowie eine Renten- und
Arbeitslosenversicherung, welche durch die prekären Lebens- und Arbeitsbedingungen und die hohe Überalterung der Gesellschaft immer dringender wird, ist ihnen

---

[56] Vgl. Opitz (2010): S. 21; vgl. Zhao (2005): S. 286; vgl. Liang (2001): S. 500.
[57] Fan (1999): S. 957.
[58] Vgl. Optiz (2010): S. 21; vgl. Liang (2001): S. 500; vgl. Fan (2002): S. 106; vgl. Schucher (2009): S. 125.
[59] Vgl. Chan (2010b): S. 357 f.; vgl. Fan (2002): S. 107; vgl. Arrighi (2007): S. 448 f.; vgl. Taylor et al. (2003b): S. 77.

damit aberkannt. Eine eigenverantwortliche Vor- und Fürsorge ist allerdings aufgrund der niedrigen Einkommen kaum finanzierbar – so verfügen schätzungsweise nur vier Prozent der Wanderarbeiter über eine Krankenversicherung.[60]

Die wirtschaftlichen und sozialen Entwicklungsunterschiede zwischen den östlichen Küstenregionen und dem Rest des Landes haben ein starkes Einkommensgefälle zwischen ländlicher und städtischer Bevölkerung entstehen lassen. Zwar ist das durchschnittliche Einkommensniveau in den letzten Jahrzehnten gestiegen; trotzdem sind die Gehälter in den Stadtregionen meist um ein Vielfaches höher als in den landwirtschaftlich geprägten Regionen. Abbildung 2 stellt nachfolgend die Entwicklung der Jahreseinkommen pro Kopf von Land- und Stadtbevölkerung gegenüber:

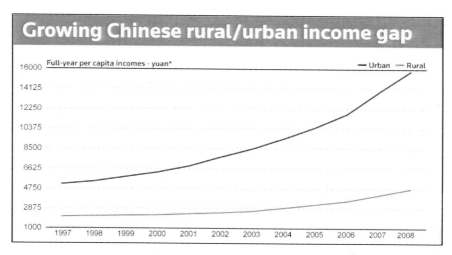

Abbildung 2: Einkommensentwicklung in Stadt und Land[61]

---

[60] Vgl. Chan/Pun (2010): online; vgl. Fan (1999): S. 957; vgl. Du et al. (2006): S. 176.
[61] Reuters (2009): online. Der durchschnittlicher Wechselkurs für diese Periode beträgt 1 US-Dollar = 6,83 Yuan (RMB).

2010 betrugen die städtischen Jahresnettoeinkommen schätzungsweise 19.109 Yuan (2.852 US-Dollar); die der ländlichen Bevölkerung durchschnittlich 5.919 Yuan (883 US-Dollar).[62]

Ebenso führt die zunehmende Dekollektivierung, Mechanisierung und Automatisierung der Landwirtschaft zu steigender Arbeitslosigkeit und einem massiven Überschuss an ländlichen Arbeitskräften. Durch das rapide Wirtschaftswachstum im Osten des Landes sind dort, vor allem in den Sonderwirtschaftszonen, große Beschäftigungsmöglichkeiten gegeben.[63] Diese sind für die Landbewohner attraktiv, da sie aufgrund des ‚Hukou-Systems' keinen Anspruch auf soziale Absicherung im Alter oder bei Erwerbslosigkeit haben. Somit sind die ländlichen Familien auf eine Überweisung von überschüssigem Lohn der verwandten Wanderarbeiter abhängig, um überleben zu können – die Transferzahlungen betragen schätzungsweise 40 Prozent des Gesamtfamilieneinkommens.[64] Das ist auch ein Grund dafür, warum die Wanderarbeiter eine hohe Mobilitätsbereitschaft aufweisen und ein Großteil die schlechten Arbeits- und Lebensbedingungen sowie die niedrigen Löhne toleriert.[65]

Das ‚Hukou-System', die regionalen Ungleichheiten sowie die ländliche Arbeitslosigkeit sind somit treibende, institutionell und marktwirtschaftlich begründete Kräfte für die Migration, welche auch hinsichtlich demografischer Faktoren differenziert werden können. Sind die jungen Migranten oft angetrieben von der Hoffnung und Erwartung besserer Lebensbedingungen, sozialer Absicherung, höherer Bezahlung und der Attraktivität der Metropolen, so sind für die Älteren die Landknappheit und die schwierigen und unerträglichen Lebens- und Arbeitsbedingungen ausschlaggebend.[66]

Im Folgenden werden die **sozioökonomischen Lebens- und Arbeitsbedingungen** der Wanderarbeiter dargestellt.

---

[62] Vgl. Botschaft der Bundesrepublik Deutschland in Peking (2011): online.
[63] Vgl. Chan (2010a): S. 662; vgl. Fan (2004): S. 286; vgl. Liang (2001): S. 511.
[64] Vgl. Chan (2010a): S. 669; vgl. Ye (2009): S. 130.
[65] Vgl. Fan (2004): S. 297; vgl. Du et al. (2006): S. 174.
[66] Vgl. Chan/Pun (2010): online; vgl. Tunon (2006): S. 6; vgl. Fan (2002): S. 103.

Die Wanderarbeiter sind im Durchschnitt sehr jung. 2009 waren über die Hälfte im Alter zwischen 16 und 30 Jahre; nur nahezu 30 Prozent waren über 30 Jahre alt.[67] Meist bleiben Kinder ohne Eltern auf dem Land bei Verwandten oder Großeltern zurück. Das Verhältnis von Männern zu Frauen ist nahezu ausgeglichen, wobei eine deutliche Zunahme bei den Frauen zu verzeichnen ist. Die Bildung der Wanderarbeiter ist, gemessen an ihren ländlichen Mitmenschen, gut, jedoch im städtischen Vergleich als sehr niedrig anzusehen. 65 Prozent der Migranten können eine neunjährige Schulbildung vorweisen, nur 18 Prozent eine sechsjährige. Das ‚Hukou-System' benachteiligt die (Weiter-) Bildungschancen der Wanderarbeiter selbst, aber auch die der nachfolgenden Generationen, denn Schulgebühren sind für ländlich Registrierte deutlich höher als für Stadtbewohner. Die Finanzierung von Schulgebühren sowie Weiterbildungen sind für die Wanderarbeiter aufgrund ihrer geringen Löhne nur selten möglich.[68]

Der Großteil der Wanderarbeiter lebt meist in Unterkünften ohne sanitäre Einrichtungen und Küche, in überfüllten Schlafsälen und Arbeitsbaracken ohne Heizung oder Klimaanlage oder direkt auf dem Betriebsgelände in unternehmenseigenen Wohnheimen – die Gefahr der Infektion mit Krankheiten ist daher sehr groß.[69]

Wie bereits oben erläutert, sind aufgrund des ‚Hukou-Systems' die meisten Wanderarbeiter nicht offiziell in den Städten registriert und damit vom formellen Arbeitsmarkt ausgeschlossen. Sie finden daher fast ausschließlich im informellen Sektor Arbeit und wechseln auch häufig ihren Arbeitsplatz. Die Selbstständigkeit der Wanderarbeiter ist mit 52 Prozent mehr als viermal so hoch wie die der städtischen Arbeiter. In staatseigenen Unternehmen sind fast ausschließlich Angestellte mit städtischem Wohnsitz beschäftigt.[70] Die unselbstständigen Wanderarbeiter waren 2006 hauptsächlich im sekundären Sektor (56,7 Prozent) und im tertiären Sektor (40,5 Prozent) beschäftigt. Auf den primären Sektor entfielen nur 2,8 Prozent.[71] Tabelle 2 stellt die Verteilung der angestellten Wanderarbeiter nach Branchen dar:

---

[67] Vgl. Chan/Pun (2010): online.
[68] Vgl. Zhao (2005): S. 301; vgl. Du et al. (2006): S. 172; vgl. Chan/Buckingham (2008): S. 600; vgl. Tunon (2006): S. 8; vgl. Opitz (2010): S. 25; vgl. Alpermann (2006): S. 58.
[69] Vgl. Li (2008): S. 15; vgl. Cai et al. (2009): S. 12; vgl. Tunon (2006): S. 15; vgl. Fan (2004): S. 299; vgl. Chan/Pun (2009): S. 290; vgl. Chan (2008): S. 302.
[70] Vgl. Opitz (2010): S. 26; vgl. Zhao (2005): S. 292; vgl. Braun (2011): S. 31.
[71] Vgl. Watson (2009): S. 91.

Tabelle 2: Verteilung der chinesischen Wanderarbeiter nach Branchen[72]

Branche	2004 *(Prozent)*	2009 *(Prozent)*
Verarbeitende Industrie	33,3	39,1
Dienstleistungsbranche	21,7	25,5
Baubranche	22,9	17,3
Sonstiges	22,1	18,1

Der Anteil der Wanderarbeiter ist im Verhältnis zur Gesamtbeschäftigung vor allem im Baugewerbe mit 90 Prozent, im Bergbau mit 80 Prozent sowie im verarbeitenden Gewerbe mit fast 70 Prozent am höchsten. Im Dienstleistungsbereich sind schätzungsweise 50 Prozent aller Beschäftigten Wanderarbeiter, wobei hier eine stark steigende Tendenz zu verzeichnen ist.[73] Hinsichtlich der Verteilung von männlichen und weiblichen Migranten innerhalb der Branchen ist zu beachten, dass Männer vornehmlich in der Baubranche und im Bergbau beschäftigt werden. Frauen dagegen sind überwiegend im Dienstleistungsgewerbe sowie in der verarbeiteten Industrie angestellt, da sie als sehr detailliert arbeitend und leicht zu kontrollieren gelten. Charakteristisch für die Arbeit im verarbeitenden Gewerbe, speziell in der Exportindustrie zur industriellen Fertigung von Massengütern, sind Fließbandfertigungstätigkeiten im Sinne einer tayloristischen Arbeitsorganisation.[74]

Die Unterschiede bei den Einkommen und Arbeitsbedingungen zwischen ländlichen Wanderarbeitern und städtischen Beschäftigten sind eklatant. Offiziell beträgt ihre durchschnittliche Arbeitszeit mit 10,8 Stunden pro Tag etwa zwei Stunden mehr als die von Arbeitern mit städtischem ‚Hukou'. Allerdings ist ein Arbeitstag von mindestens zwölf Stunden sieben Tage die Woche, bei teilweise unmenschlichen Arbeits-

---

[72] Eigene Darstellung in Anlehnung an Chan/Pun (2010): online.
[73] Vgl. Watson (2009): S. 91; vgl. Opitz (2010): S. 26.
[74] Vgl. Zhao (2003): S. 509; vgl. Fan (2004): S. 288; vgl. Kreft (2006): S. 17; vgl. ten Brink (2010): S. 13; vgl. Lüthje (2007): S. 201 ff.

bedingungen und defizitärem Arbeitsschutz sowie ohne Anspruch auf (betriebliche) Sozialleistungen in den meisten Fällen die Regel – das sind Arbeiten, die die städtische Bevölkerung aufgrund der erheblichen Sicherheits- und Gesundheitsrisiken meist ablehnt.[75] Das Monatseinkommen der Wanderarbeiter, welches bei gleicher Tätigkeit bei Männern ca. ein Drittel über dem der Frauen liegt, betrug 2010 mit durchschnittlich 1.838 Yuan (ca. 267 US-Dollar) weniger als die Hälfte dessen, was ein stadtansässiger Arbeiter verdiente. Schätzungsweise 64 Prozent aller Wanderarbeiter verdienen jedoch nicht mehr als 100 US-Dollar pro Monat.[76] Die Verdienste liegen meist nicht über dem örtlich und von Region zu Region unterschiedlichen, äußerst niedrigen Mindestlöhnen. Doch selbst das Mindestlohnniveau ist nicht ausreichend, um ein Leben mit Grundversorgung zu gewährleisten. Schuld daran sind die hohen Inflationsraten, welche vor allem Unterkünfte und Lebensmittel beträchtlich verteuern. Ein existenzsicherndes Gehalt ist somit nur durch massive Überstunden zu erreichen.[77]

Diese Umstände sowie das Fehlen branchenweiter Tarifverträge und kollektiver Verhandlungen über Arbeitsrechte und Arbeitsbedingungen, machen sich die Unternehmen zu nutze. Aufgrund des ländlichen Arbeitskräfteüberschusses können sie sich die geringen Löhne leisten, ohne Angst einen Arbeitskräftemangel zu erleiden. Weiterhin dulden die Regional- und Lokalregierungen diese Arbeitszustände in der Konkurrenz um ausländisches Kapital. So sind allein in den Exportzentren Shenzhen und Dongguan 70 bis 80 Prozent aller Beschäftigen Wanderarbeiter.[78]

Die Einkommen werden zwar schrittweise in Folge von Protesten, Aufständen und Streiks erhöht, jedoch sind nicht oder zu spät gezahlte Löhne - bis zu sieben Monate später - immer noch ein häufig auftretendes Problem. Die Möglichkeit einer rechtlichen Einforderung der Gehaltszahlung sowie die Einhaltung der Arbeitsrechte haben die Wanderarbeiter meist nicht. Zum einen liegt das daran, dass sie nicht offiziell in den Städten registriert sind und somit keinen schriftlich formalisierten Arbeitsvertrag

---

[75] Vgl. Li (2008): S. 9 ff.; vgl. Schmalz (2006): S. 33; vgl. Heberer (2005): S. 42; vgl. Opitz (2010): S. 26 f.; vgl. Kreft (2006): S. 17; vgl. Fan (1999): S. 958; vgl. Fan (2002): S. 107.
[76] Vgl. Chan/Pun (2010): online; vgl. Opitz (2010): S. 27; vgl. Watson (2009): S. 93.
[77] Vgl. Geinitz (2011): S. U6.
[78] Vgl. Tunon (2006): S. 10; vgl. Haug (2006): S. 3; vgl. Chan (2010a): S. 663; vgl. Berg/Holtbrügge (2002): S. 38; vgl. Lüthje (2007): S. 211; vgl. Ali (2005): S. 8.

erhalten - schätzungsweise 79 Prozent der Wanderarbeiter sind davon betroffen.[79] Zum anderen ist eine Vertretung ihrer Interessen durch eine Betriebsgewerkschaft oder den staatlichen Gewerkschaftsbund ‚All-China Federation of Trade Unions' (ACFTU) nur selten möglich, da sie aufgrund ihres ‚Hukou-Status', entweder als temporäre Gastarbeiter oder illegal Zugezogene, nicht gewerkschaftsfähig sind.[80]

Dadurch sind sie als erstes in Phasen ökonomischen Abschwungs von Lohnkürzungen und Entlassungen betroffen; so auch in der Weltwirtschaftskrise seit 2008, wo Gehaltskürzungen bis zu 30 Prozent eintraten und 20 bis 30 Millionen Wanderarbeiter ihren Arbeitsplatz verloren.[81] Die Folgen für die Wanderarbeiter lassen sich wie folgt beschreiben:

„To rural migrant labour the economic crisis means high levels of unemployment, further marginalization and impoverishment, and pauperization of the poorest, especially those who are laid off."[82]

Aufgrund dieser Faktoren sowie durch Korruption, Diskriminierung, hoher Inflation, unzureichender Löhne, schlechter Arbeitsbedingungen sowie am Arbeitsplatz stattfindender Kontrolle und Disziplinierung unter Gewaltanwendung ist eine zunehmende Bereitschaft zu Protesten und Häufigkeit von Protesten zu verzeichnen. Die heutigen Wanderarbeiter sind im Vergleich zu ihren Vorgängern besser ausgebildet, rechtsbewusster und deutlich intoleranter gegenüber unfairen Behandlungen.[83] In der Provinz und Sonderwirtschaftszone Guangdong, wo fast ausschließlich ausländische Unternehmen Produktionsstätten haben, ist die Protesthäufigkeit 2010 um 42 Prozent gegenüber dem Jahr 2009 gestiegen – größtenteils wegen der Auswirkungen der Weltwirtschaftskrise.[84]

---

[79] Vgl. Cai et al. (2009): S. 10; vgl. Li (2008): S. 14; vgl. Grzanna (2011): S. 20. Diese arbeitsrechtlichen Bedingungen werden in Zusammenhang mit der tayloristisch gestalteten Arbeitsorganisation auch als eine neue Form des ‚desorganisierten Despotismus' bezeichnet (vgl. Lüthje 2007).

[80] Vgl. Chan/Pun (2009): S. 290; vgl. Lüthje (2006): S. 65 ff. Außerdem ist davon auszugehen, dass der ACFTU aufgrund seiner parteistaatlichen Anbindung keine unabhängige Interessenvertretung wahrnehmen kann (vgl. ten Brink [2010]: S. 13).

[81] Vgl. China Labour Bulletin (2009): S. 14; vgl. Overholt (2010): S. 28; vgl. Anti (2009): S. 27; vgl. Schucher (2009): S. 124; vgl. Hsu et al. (2010): S. 170.

[82] Chan (2010a): S. 670.

[83] Vgl. Chan (2010a): S. 660; vgl. Taylor et al. (2003a): S. 160 ff.; vgl. Geinitz (2011): S. U6; vgl. Rudolph (2010): S. 192; vgl. Chan (2008): S. 304.

[84] Vgl. o.V. (2010a): S. 4; vgl. Chan/Pun (2010): online.

Die Zentralregierung ist sich der Lage der Wanderarbeiter, ihrer Bedeutung für die wirtschaftliche Entwicklung sowie ihres gesellschaftlichen Unruhepotenzials zur Gefährdung der sozialen und politischen Stabilität des Landes bewusst. Dass sie die Arbeiterstreiks und Proteste seit einigen Jahren toleriert und nicht unterdrückt, gilt als Zeichen dafür, dass sie eine weitere Auseinanderentwicklung der Einkommen zwischen Land und Städten vermeiden möchte. Weiterhin wurden neue Arbeits- und Gewerkschaftsgesetze erlassen, welche die Rechte der Wanderarbeiter stärken sollen. Allerdings besteht weiterhin eine enorme Divergenz zwischen der formal-rechtlichen Situation und der betrieblichen Praxis.[85] Ebenso sind durch Reformen des ‚Hukou-Systems' auf nationaler Ebene vereinfachte Bestimmungen zum Wechsel von einem ländlichen in ein städtisches ‚Hukou' eingeführt worden; die Entscheidungsgewalt über den Grad der Vereinfachung bzw. der Höhe der Zulassungskriterien obliegt aber weiterhin den Lokal- und Provinzregierungen. Diese Maßnahmen haben allerdings bisher wenig geholfen, die Benachteiligung und Ausbeutung der Wanderarbeiter zu verringern. Denn die Behörden der Lokal- und Provinzregierungen nutzen ihre Macht im eigenen Interesse aus, indem sie die Zuwanderungsauflagen so wählen, dass nur wenige und gewünschte Migranten in ihre Städte übersiedeln können oder indem sie Zuzugslizenzen an Zuwanderer verkaufen, welche die Auflagen nicht erfüllen, um zusätzlichen Profit zu erwirtschaften. Das alles wird begünstigt durch das Fehlen von staatlichen und unabhängigen Kontroll- und Erzwingungsmechanismen.[86]

Zusammengefasst sind die Hauptmerkmale der Wanderarbeiter ein relativ junges Alter, eine hohe geografische Mobilität und Arbeitsplatzflexibilität, eine informelle Beschäftigung zu niedrigen, Geschlechter unterschiedlichen Löhnen, das Fehlen einer sozialer Absicherung sowie eine zunehmende Protestbereitschaft.

---

[85] Vgl. Pries (2010): S. 94; vgl. Schüller (2010): online; vgl. Platthaus (2011): online. Für umfassendere Informationen zur neuen Arbeitsgesetzgebung und deren Auswirkungen auf die Wanderarbeiter siehe bspw. Aaronson (2010) und Wang et al. (2009) sowie die dort angegebene Literatur.
[86] Vgl. Chan/Buckingham (2008): S. 591 ff.; vgl. Cai et al. (2009): S. 12; vgl. Li (2008): S. 16 f.; vgl. Tunon (2006): S. 15; vgl. Opitz (2010): S. 29; vgl. Fan (2002): S. 108.

2.3 Organisationale Kontrolle

In der sozial- und wirtschaftswissenschaftlichen Literatur gibt es eine Vielzahl von Definitionen des Begriffs **Organisation**, abhängig vom jeweiligen organisationstheoretischen Verständnis. Unter einer Organisationstheorie, von denen es eine Fülle gibt, ist eine Betrachtungsweise zu verstehen, welche unter Berücksichtigung ausgewählter wissenschaftlicher Ausgangspunkte und Untersuchungsschwerpunkte versucht, Grundelemente und Funktionsweise sowie Entstehen und (Fort-) Bestehen einer Organisation zu erklären.[87] Allgemein schreibt die Organisationsforschung dem Organisationsbegriff drei Interpretationen zu: In einer institutionalen Betrachtung, welche durch die Organisationssoziologie geprägt ist, wird eine Organisation als ein zielgerichtetes, offenes soziales System mit einer formalen Struktur und Organisationsmitgliedern bezeichnet. Eine instrumentale Sichtweise umfasst die Gesamtheit der Ordnung, mit deren Hilfe die Ziele einer Organisation erreicht werden sollen. In einer funktionalen Betrachtung liegt der Fokus auf der Tätigkeit des Organisierens, indem eine Ordnung im Sinne von Strukturen (Aufbauorganisation), Prozessen (Ablauforganisation) und Regeln geschaffen wird.[88] Der funktionale Organisationsbegriff stellt somit eine Integration aus der institutionalen und instrumentalen Betrachtung dar.

Gegenstand dieser Untersuchung sind ökonomisch ausgerichtete Organisationen, sprich Unternehmen. Daher soll unter dem Begriff Organisation ein formales Regelwerk eines offenen, arbeitsteiligen sozialen Systems verstanden werden, in dem unterschiedliche Personen und Elemente (bspw. Strukturen, Prozesse, Regeln) miteinander verbunden und geregelt in Beziehung zueinander stehen und interagieren, um individuelle wie kollektive (organisationale) Ziele zu erreichen.[89]

Das formale Regelwerk bzw. die Gesamtheit aller organisatorischen Regeln wird als Organisationsstruktur bezeichnet, welche einen effizienten Aufgabenvollzug gewährleisten und Konflikten vorbeugen soll. Demnach beziehen sich die Regeln auf und

---

[87] Vgl. Scherer (2006): S. 19 f.
[88] Vgl. Thommen/Achleitner (2006): S. 769; vgl. Schulte-Zurhausen (2010): S. 1 ff.; vgl. Schreyögg (2003): S. 4 ff.; vgl. Jones/Bouncken (2008): S. 25 ff.; vgl. Peters et al. (1998): S. 65 f.; vgl. Wöhe (1993): S. 179 ff. Für weiterführende Informationen siehe die zitierten Quellen sowie die dort angegebene Literatur.
[89] Vgl. Gabler Wirtschaftslexikon (2011a): online; vgl. Jost (2008): S. 10.

bestimmen das Verhalten und die Aktivitäten der Organisationsmitglieder bzw. machen deren Handlungen erwartbar und schränken somit deren Handlungsspielräume ein. Zunächst werden die organisatorischen Regeln von der obersten Spitze der Organisation (bspw. das Management) eingeführt und erheben daher den Anspruch auf Recht und Geltung. Allerdings sind die Regeln nicht stabil und dauerhaft, sondern unterliegen dem Einfluss verschiedener Faktoren. Dazu zählen die Organisationsmitglieder, der Lebenszyklus der Organisation, die Technologie und die Umwelt. Diese Einflussgrößen stehen untereinander sowie mit der Organisation in wechselseitiger Interaktion und Beziehung und haben daher nachhaltigen Einfluss auf das Regelwerk sowie die Struktur der Organisation.[90]

Die Behandlung von **Kontrolle** ist in der Literatur ebenso vielseitig und unterschiedlich wie die zum Wesen der Organisation. Allgemein kann Kontrolle als eine spezifische Art von Verhalten beschrieben werden, welches das sichtbare Handeln anderer beobachtet, überwacht und überprüft.[91] Ausgehend von dem Verständnis einer Organisation als soziales System, in dem ihre Mitglieder nicht freiwillig das tun was sie sollen, müssen Organisationen bestimmte Mechanismen (bspw. organisatorische Regeln) installieren, welche Unsicherheiten und Unzuverlässigkeiten organisatorischen Verhaltens reduzieren sowie Handlungen strukturieren, koordinieren und kontrollieren, um die Erreichung der Organisationsziele sicherzustellen. Damit ist im organisationalen Kontext Kontrolle immer mit Herrschaft und Macht verbunden.[92]

In Zusammenhang mit Kontrolle gibt es verschiedene begriffliche Aspekte, die nachfolgend kurz erwähnt werden sollen. Kontrollsubjekt bzw. Kontrollträger kann jedes Organisationsmitglied sein. Entweder es überwacht seine Handlungen selbst (Selbstkontrolle) oder die Kontrolle wird von anderen Personen (direkte bzw. personale Fremdkontrolle) oder spezialisierten Kontrollträgern, wie bspw. formalen Regeln oder technischen Vorrichtungen (indirekte bzw. unpersönliche Fremdkontrolle) ausgeübt. Kontrollobjekte können Produkte (ergebnisorientierte Kontrolle), Prozesse

---

[90] Vgl. Steinmann/Schreyögg (1993): S. 378 ff.
[91] Vgl. Maier (1991): S. 11.
[92] Vgl. Maier (1991): S. 11 f.; vgl. Maurer (2004): S. 132. Stolz und Türk bemerken dazu folgendes: „Wenn sich Herrschaft ganz allgemein als Kontrolle einer Gruppe von Menschen ('Klasse' etc.) über die produktive Lebenstätigkeit einer anderen Gruppe einschließlich der von dieser erzeugten Produkte definieren lässt, dann ergibt sich für die Herrschenden immer ein Kontrolldilemma." (Stolz/Türk [1992]: S. 138).

(verfahrensorientierte Kontrolle) oder das organisationsbezogene Handeln der Organisationsmitglieder (verhaltensorientierte Kontrolle) sein. Methodisch stehen zur Durchführung von Kontrolle unterschiedliche Verfahren und Instrumente (bspw. Belohnung, Abmahnung, Versetzung) zur Verfügung, welche je nach Kontrollbereich (Organisationsmitglieder, Stellen, Abteilungen oder die ganze Organisation) unterschiedlich gewählt werden können.[93]

Organisation und Kontrolle sind in vielen Organisationstheorien zentrale Elemente und Untersuchungsschwerpunkte.[94] Den organisationstheoretischen Rahmen der vorliegenden Untersuchung bilden Ansätze der organisationalen Kontrolle, welche die Aspekte Organisation, Kontrolle und Herrschaft kritisch betrachten und deren Doppelcharakter bzw. Dialektik hervorheben.

---

[93] Vgl. Maier (1991): S. 12 f.; vgl. Hansch (2007): S. 17 ff.
[94] Neben den hier aufgeführten organisationstheoretischen Ansätzen der organisationalen Kontrolle, behandeln ebenso kulturalistische, kontingenztheoretische, systemtheoretische bzw. konstruktivistische sowie spieltheoretische bzw. mikropolitische Ansätze Kontrolle, Macht und Herrschaft in Organisationen. Einen Überblick dazu gibt bspw. Matys (2006).

3 Theorien organisationaler Kontrolle

Das vorliegende Kapital behandelt die organisationstheoretischen Ansätze der organisationalen Kontrolle von Harry Braverman, Richard Edwards und Stewart R. Clegg, welche den theoretischen Analyserahmen dieser Untersuchung bilden. Bevor deren Beiträge detailliert dargestellt werden, wird zunächst ein allgemeiner Überblick über die organisationale Kontrolle als Theorie der Organisationsforschung gegeben und begründet, warum sich für diese drei Vertreter entschieden wurde.

Die **organisationstheoretischen Ansätze der organisationalen Kontrolle** gehen davon aus, dass es in Organisationen bestimmte Macht- und Kontrollmechanismen gibt, welche in den Strukturen, den Ablauf von (Arbeits- und Produktions-) Prozessen sowie im Verhalten der Organisationsmitglieder eine hohe Stabilität und Regelmäßigkeit gewährleisten sollen. Dabei sehen die Vertreter dieser Ansätze die Organisationsstrukturen mit den jeweils vorherrschenden gesellschaftlichen Herrschaftsverhältnissen, meist mit den kapitalistischen Gesellschaftsstrukturen, verknüpft, welche ihre Organisationsmitglieder einengen und meist in vorgefertigte Rollen zwängen.[95] Damit betonen sie besonders die Rolle spezifischer organisationsinterner und außerorganisationaler bzw. gesellschaftlicher Regeln und Kontrollmechanismen sowie deren Verknüpfung. Innerhalb der Theorien der organisationalen Kontrolle ist die Fokussierung auf und damit die Bedeutung von organisationalen und außerorganisationalen Macht- und Herrschaftsstrukturen unterschiedlich.[96]

Ausgangs- und Bezugspunkt der organisationstheoretischen Kontrollansätze ist Karl Marx´ ‚Kapital‘, worin die zunehmende Selbstentfremdung und Ausbeutung des Menschen im kapitalistischen Arbeitsprozess beschrieben wird.[97] In der Produktionsstätte entdeckte Marx den Widerspruch zwischen Kapital und Arbeit, welcher sich in einem unaufhörlichen Konflikt um Löhne, den Anteil am Arbeitsertrag und Arbeitsbedingungen äußert. Durch die in seiner Zeit zunehmende Massenproduktion und manufakturmäßige Arbeitsteilung, sah Marx die Übertragung des Konkurrenzdruckes

---

[95] Vgl. Kieser/Walgenbach (2010): S. 1; vgl. Lang/Alt (2003): S. 308. Allen Ansätzen ist dabei gemeinsam, dass sie alle drei Organisationsbegriffe berücksichtigen, wobei sie besonders eine Organisation als Mittel zur Steigerung der Effizienz und als Instrument zur Sicherung der Herrschaft sehen.
[96] Vgl. Lang/Alt (2003): S. 308; vgl. Adler (2007): S. 1314 f.; vgl. Adler (2006): S. 160 f.
[97] Siehe dazu ausführlich Marx (1961): Dritter Abschnitt ff.

vom Kapitalisten auf die industrielle Arbeiterschaft (Proletariat), indem der Kapitalist jederzeit mit der Ersetzung durch andere Arbeiter oder Maschinen drohen konnte. Die Entfremdung der Arbeiter äußert sich in der vom Kapitalisten angeordneten und kontrollierten Arbeit zur Produktion eines Gutes, welches durch die Veräußerung auf dem Markt zur Ware wird und damit einem anderen und nicht den Arbeitern gehört.[98]

Harry Braverman, der Begründer der neomarxistischen Arbeitsprozesstheorie bzw. ‚Labour Process Theory' (LPT), griff in den 1970er Jahren Marx´s Betrachtungen auf und interpretierte sie im Lichte des tayloristisch gestalteten Arbeitsprozesses (‚Industrialismus' bzw. ‚Fordismus') des 20. Jahrhunderts neu, wobei organisationale und soziale Prozesse der Kontrolle im Zentrum seiner Erklärung standen. Später folgten kritische Weiterentwicklungen aufbauend auf seiner Arbeit vor allem von Richard Edwards, Andrew Friedman und Michael Burawoy.[99] Sie alle leisteten Pionierarbeit für die Wiederentdeckung des Arbeitsprozesses als Arena der Vorrechte von Managern, der Ausbeutung und des Widerstandes der Arbeiter und stellten damit organisationsinterne Kontrollstrukturen und Kontrollstrategien des Managements in den Mittelpunkt ihrer Betrachtung.[100]

> „LPT theorists´ focus is upon the study of economic and political administrative structures, power relationships among divergent interest groups, processes of organizational change and their impact upon the workplace, and the labor process."[101]

Die neomarxistische Arbeitsprozesstheorie begreift damit Kontrolle speziell als den Versuch, die Ausführung der Arbeit von der Subjektivität der Arbeiter, d.h. von persönlichen Sinnansprüchen und vom persönlichen Engagement, zu trennen – die Arbeitskraft wird zum Objekt ‚managerieller' Kontrolle. Im Mittelpunkt steht, in Anlehnung an Marx, das Transformationsproblem der Umwandlung von gekaufter Arbeitskraft in geleistete Arbeit – eine strukturdeterministische und nur manifeste Kontrollstrukturen umfassende Sichtweise.[102]

---

[98] Vgl. Arrighi (2007): S. 104; vgl. Hartz/Lang (2003): S. 7 f.; vgl. Mikl-Horke (2007): S. 58 ff.; vgl. Adler (2007): S. 1315 ff.; vgl. Lutz-Bachmann (2007): S. 462.
[99] Vgl. Gerst (2002): S. 93; vgl. Ackroyd (2009): S. 264 ff. Siehe für die im Folgenden nicht behandelten Ansätze Friedman (1977) sowie Burawoy (1982) und (1985).
[100] Vgl. Lang/Alt (2003): S. 309; vgl. Arrighi (2007): S. 34.
[101] Li/Twiname (2010): online.
[102] Vgl. Gerst (2002): S. 94; vgl. Müller-Jentsch (1997): S. 59; vgl. Kühl (2008): S. 140.

Vor dem Hintergrund einer sich verändernden gesellschaftlichen, ökonomischen und organisationalen Wirklichkeit (vom ‚Industrialismus' hin zum ‚Postindustrialismus' bzw. ‚Postfordismus') wurde zunehmend eine subjektive, über die reine Industriearbeit hinausgehende Betrachtung des Arbeits- und Kontrollprozesses notwendig.[103] Dies mündete schließlich in einer poststrukturalistischen Arbeitsprozesstheorie, deren Hauptvertreter David Knights und Hugh Willmott sind, welche insbesondere auf die Arbeiten von Michel Foucault Bezug nehmen. Sie stellen die Subjektivität sowie die wechselseitige Erzeugung von Struktur, Handeln und Identität in den Vordergrund und betonen, dass Strukturen zwar Handlungen prägen, aber Bestandteil der Subjektivität sind und nicht nur eine äußere Bedingung.[104]

Ein weiterer wesentlicher Beitrag zur Theorie der organisationalen Kontrolle stammt von Steward R. Clegg in Zusammenarbeit mit David Dunkerley. Ihre Arbeiten bauen auf denen der Arbeitsprozesstheorie und anderer Macht- und Herrschaftstheoretiker (bspw. Max Weber und Niccolò Machiavelli) auf und berücksichtigen neben organisationsinternen Regeln auch vor- und außerorganisationale Strukturen und Regeln, die auf organisationsinterne Strukturen, Abläufe und organisationsinternes Verhalten einwirken. Sie verbinden dabei die Organisation mit ihrer jeweiligen gesellschaftlichen Umwelt.[105]

Weitere wichtige theoretische Ansätze zur organisationalen Kontrolle stammen u.a. von Klaus Türk, Paul Thompson und Mike Reed. Eine Weiterentwicklung in Richtung mikropolitischer Theorieansätze ist bei Michel Crozier und Erhard Friedberg zu finden.[106]

Im Folgenden sollen die **Entscheidungsgründe** genannt werden, warum die anschließend dargestellten Ansätzen den Vorzug bekommen haben. Mehrere Studien

---

[103] Vgl. Hartz (2009): S. 240 f.; vgl. Thompson/Smith (2009): S: 258; vgl. Lang (2010): S. 28. Eine Übersicht mit den jeweiligen organisationalen und gesellschaftlichen Merkmalen des ‚Industrialismus' und ‚Postindustrialismus' befindet sich im Anhang 1.

[104] Vgl. Hartz (2009): S. 215 f.; vgl. Gerst (2002): S. 96 ff. Detaillierte Ausführungen zum Poststrukturalismus allgemein und zur poststrukturalistischen Arbeitsprozesstheorie siehe bspw. Knights/Willmott (1990) und (1999), Weik (2003), Hartz (2009), Gerst (2002) sowie die dort angegebene Literatur.

[105] Vgl. Lang/Alt (2003): S. 308 f.

[106] Siehe dazu u.a. Türk (1995), Thompson (1983), Thompson/McHugh (1990), Thompson/Smith (2009), Reed/Hughes (1994), Reed (2001) sowie Crozier/Friedberg (1993).

zur chinesischen Wirtschafts- und Industriestruktur belegen, dass in der IT- und Elektronikindustrie, wo das Unternehmen Foxconn angesiedelt ist, vor allem tayloristische bzw. industriegesellschaftliche und organisationale Gegebenheiten vorherrschend sind.[107] In Anlehnung an die Ergebnisse dieser Studien und an der im Anhang 1 dargestellten Übersicht zu den Dimensionen von ‚Industrialismus‘ und ‚Postindustralismus‘ sind eine umfassende nationalstaatliche Regulation, hohe Standardisierung, tayloristisch-fordistisch angelegte Produktionsverhältnisse mit den Folgen der Routine und Dequalifikation bzw. Degradierung sowie eine bürokratische und hierarchische Sozialstruktur, welche durch vertikale und horizontale Integration sowie durch bewusste Kontrolle gekennzeichnet ist, charakteristisch für China. Weiterhin kann die Migration der Wanderarbeiter der physischen Strukturdimension des ‚Industrialismus‘, Konzentration der Bevölkerung in (Industrie-) Städten, zugeordnet werden. Natürlich sind auch postindustrielle Merkmale wie globaler Wettbewerb, IT-Einsatz oder Just-In-Time in China wiederzufinden, allerdings nicht in dominierender Form. Damit lässt sich die Wahl der neomarxistischen (Braverman und Edwards) entgegen der später entstandenen poststrukturalistischen Arbeitsprozesstheorie begründen. Der theoretische Ansatz Steward R. Cleggs bietet die Möglichkeit, die in China vorherrschende massive nationalstaatliche Regulation, bspw. in Form des ‚Hukou-Systems‘, die die Unternehmen stark beeinflusst, im Kontext der organisationalen Kontrolle der Wanderarbeiter zu analysieren.

3.1 Harry Braverman: Taylorismus, Wissenschaft und Kontrolle

Das grundlegende Werk von Harry Braverman erschien 1974 unter dem Titel ‚Labor and Monopoly Capital – The Degradation of Work in the Twentieth Century‘.[108] Gleichzeitig war es der Ausgangspunkt der Arbeitsprozesstheorie-Debatte in der angloamerikanischen Arbeits- und Organisationssoziologie.

Seine Ausführungen versuchen die Kapitalismusentwicklung mit den vorherrschenden Managementmethoden und Managementstrategien, den Technologien, der Arbeitsteilung sowie mit den Beschäftigungsverhältnissen, der Klassenstruktur und

---

[107] Siehe dazu u.a. Lüthje (2006), (2007) und (2008) sowie Hürtgen et al. (2009).

[108] Die deutsche Übersetzung erschien erstmalig 1977 unter dem Titel ‚Die Arbeit im modernen Produktionsprozeß‘. Die Zitate im Rahmen dieser Arbeit sind der 1985 erschienenen zweiten deutschen Auflage entnommen.

42

den gesellschaftlichen Veränderungen in Zusammenhang zu bringen und knüpfen damit, wie bereits oben erwähnt, an Karl Marx' ersten Band des ‚Kapitals' und dessen Analyse zum kapitalistischen Arbeits- und Verwertungsprozess an.[109] Für Braverman mündete

> „[…] die Suche nach den Ursachen, nach der der unaufhörlichen Transformation der Arbeit dem modernen Zeitalter zugrundeliegenden Dynamik [...] [in] eine Untersuchung über die Entwicklung der kapitalistischen Produktionsweise während der letzten hundert Jahre [...].“[110]

Braverman stellt das von Marx spezifizierte **Transformationsproblem** in den Mittelpunkt seiner Arbeit. Danach kauft der Arbeitgeber bzw. der Kapitalist, gemäß Marx, durch die Anstellung eines Arbeiters, dessen Arbeitskraft als Arbeitsvermögen in sehr abstrakter Form, wobei er sich nicht sicher sein kann – im Gegensatz zum Erwerb von Maschinen oder Materialien – dass sich die Arbeitskraft in tatsächlich verausgabte Arbeitsleistung umwandelt. Wird mit dem Arbeitsvertrag, der für Braverman den Beginn des Arbeitsprozesses darstellt, die Leistung des Arbeitgebers in Form der Lohn- und Gehaltszahlung genau festgelegt, ist die zu erbringende Arbeitsleistung des Arbeiters weitgehend unbestimmt.[111] Braverman charakterisiert das Transformationsproblem wie folgt:

> „Doch was der Arbeiter verkauft und was der Kapitalist kauft, ist nicht eine vereinbarte Menge Arbeit, sonder die Arbeitskraft während einer vereinbarten Zeitspanne.“[112]

Allerdings unterwirft sich der Arbeiter, dessen Arbeitskraft durch die Möglichkeit des Kaufs Warencharakter besitzt, mittels des Arbeitsvertrages einer asymmetrischen Beziehung, indem er die inhaltliche Verfügung über seine Arbeitskraft an den Arbeit-

---

[109] Vgl. Braverman (1985): S. 14; vgl. Maier (1991): S. 24; vgl. Hartz (2009): S. 216; vgl. Wachtler (2000): S. 46; vgl. Lang/Alt (2003): S. 310. Mittelpunkt im ersten Band des ‚Kapitals' ist der unter der Kontrolle des Kapitalisten stehende Arbeits- und Produktionsprozess der kapitalistischen Gesellschaft, dessen unaufhörliche Veränderung auf die Hauptantriebskraft dieser Gesellschaft, der Kapitalakkumulation, zurückzuführen ist (vgl. Braverman [1985]: S. 17).

[110] Braverman (1985): S. 14.

[111] Vgl. Kühl (2004): S. 65; vgl. Deutschmann (2002): S. 95 ff.; vgl. Dankbaar (2006): S. 243; vgl. Bruch (2000): S. 186 f.; vgl. Maurer (2004): S. 133.

[112] Braverman (1985): S. 52; Herv. i. O.

geber abtritt.[113] Da sich der Gebrauchswert der Ware Arbeitskraft allerdings erst im Arbeits- und Produktionsprozess selbst entfaltet, ergibt sich für Braverman dessen unabdingbare Kontrolle. Dabei begreift er Kontrolle als die Koordination, Leitung und Steuerung des Produktionsprozesses sowie als die Herrschaft über ihn. Damit wird sie zur zentralen Aufgabe des Managements, um die Verwertung des Arbeitsvermögens in einen maximalen Mehrwert sicherzustellen.[114]

> „Es wird daher für den Kapitalisten grundlegend wichtig, daß die Kontrolle über den Arbeitsprozeß von den Händen des Arbeiters in seine eigenen übergeht. Dieser Übergang zeigt sich in der Geschichte als die *fortschreitende Entfremdung des Produktionsprozesses* im Hinblick auf den Arbeiter; für den Kapitalisten stellt es sich als das Problem des *Managements* dar."[115]

Diesen Übergang versteht Braverman, in Anlehnung an Marx, als den **Wandel von der formellen zur reellen Subsumtion** (Unterwerfung). Waren die Arbeiter in der vorindustriellen Manufakturfertigung nur formell von den dem Kapitalisten gehörenden Produktionsmitteln getrennt, d.h. der Kapitalist konnte entscheiden was mit den Produktionsmitteln geschieht und die Arbeiter konnten ihr Wissen und ihre Erfahrungen in den Produktionsprozess einbringen, so erfolgte die reelle Subsumtion der Arbeiter unter das Kapital mit der Einführung der Maschinerie und der industriellen Großproduktion, wodurch die Kontrolle des Arbeitsprozesses dem Arbeiter entzogen und auf den Kapitalisten übertragen wurde. Dieser Übergang wird als grundlegendes Merkmal des kapitalistischen Arbeits- und Produktionsprozesses angesehen.[116]

Die Lösung des Transformations- und Kontrollproblems sowie die Realisierung der reellen Subsumtion der Arbeiter im 20. Jahrhundert sieht Braverman einerseits in Frederick W. Taylor´s ‚Scientific Management' bzw. dem Taylorismus[117], und andererseits in der wissenschaftlich-technologischen Entwicklung. Beides ist für ihn der

---

[113] Vgl. Braverman (1985): S. 50; vgl. Maier (1999): S. 24; vgl. Kühl (2008): S. 140; vgl. Littler (1987): S. 29; vgl. Lang/Alt (2003): S. 310.
[114] Vgl. Hartz (2009): S. 217.
[115] Braverman (1985): S. 54; Herv. i. O.
[116] Vgl. Braverman (1985); S. 51 ff.; vgl. Clegg/Dunkerley (1980): S. 468 f.; vgl. Kühl (2008): S. 139; vgl. Burawoy (2008): S. 376; vgl. Lang/Alt (2003): S. 310 f.
[117] ‚Scientific Management' wird in der deutschen Literatur auch als ‚wissenschaftliche Betriebsführung' bezeichnet. Für detaillierte Informationen zum ‚Scientific Management' siehe Taylor (1983); eine gute Übersicht findet sich auch bei Littler (1978) und Kieser (2006).

Ausdruck von Managementstrategien, welche auf den sozialen Prozess der Arbeit zielen.[118]

Braverman versteht ‚**Scientific Management**' als den Versuch, mit wissenschaftlichen Methoden entfremdete Arbeit in kapitalistischen Unternehmen am besten zu kontrollieren. Kennzeichen der tayloristischen Arbeitsorganisation sind eine starke Arbeitsteilung, Fraktionierung, Spezialisierung und Überwachung bzw. Kontrolle. Dadurch soll die Unbeherrschbarkeit der Arbeitskräfte gelöst und der Einfluss der Arbeiter auf die Mittel und den Zweck des Produktionsprozesses ausgeschaltet werden.[119] Braverman fasst die Grundaussagen des Taylorismus wie folgt zusammen:

> „Arbeiter, die lediglich mit allgemeinen Anweisungen und genereller Disziplin kontrolliert werden, unterstehen keiner angemessenen Kontrolle, weil sie die Herrschaft über den tatsächlichen Arbeitsprozeß behalten. Solange sie den Arbeitsprozeß selbst kontrollieren, werden sie alle Bemühungen durchkreuzen, das in ihrer Arbeitskraft enthaltene Potential in vollem Umfang zu verwirklichen. Um diese Situation zu ändern, muß die Kontrolle über den Arbeitsprozeß in die Hände des Managements übergehen; nicht nur in einem formalen Sinn, sondern auch dadurch, daß jeder einzelne Arbeitsgang des Prozesses einschließlich seiner Ausführungsweise kontrolliert und diktiert wird.“[120]

Drei Prinzipien des ‚Scientific Management', die die Grundlage des modernen Managements bilden, identifiziert Braverman, um eine solche Organisation der Arbeit und Produktion zu verwirklichen. Das Erste ist die ‚**Loslösung des Arbeitsprozesses von den Fertigkeiten des Arbeiters**', welches er folgendermaßen interpretiert:

> „Der Arbeitsprozeß muß von jeglichem Handwerk, jeder Tradition und aller Kenntnis des Arbeiters unabhängig gemacht werden. In Zukunft darf er keineswegs von den Fähigkeiten des Arbeiters, er muß vielmehr voll und ganz von den Praktiken des Managements abhängig sein.“[121]

---

[118] Vgl. Lang/Alt (2003): 310 ff.; vgl. Hartz (2009): S. 218 ff.; vgl. Lon-ar (2005): S. 114; vgl. Bruch (2000): S. 187.
[119] Vgl. Braverman (1985): S. 76 ff.; vgl. Maier (1991): S. 25; vgl. Lang/Alt (2003): S. 311.
[120] Braverman (1985): S. 84.
[121] Braverman (1985): S. 93.

Das zweite Prinzip, welches Taylor die Trennung von Hand- und Kopfarbeit nennt, bezeichnet Braverman als die ‚**Trennung von Vorstellung und Ausführung**‘. Durch die Ansiedlung jeglicher geistiger Arbeit auf der Ebene des Managements, kann den Arbeitern die methodische Effizienz und der Arbeitsrhythmus (Arbeitsgeschwindigkeit) aufgezwungen werden, den das Management wünscht. Gleichzeitig ist es den Arbeitern damit versagt, sich weiteres Wissen über den Arbeits- und Produktionsprozess anzueignen. Sie sind von nun an entmündigt und selbst ein Teil des Kapitals, da sie die Kontrolle über ihre Arbeit und die Art der Ausführung ihrer Arbeit verlieren.[122]

Durch die beiden genannten Prinzipien ist das Management in der Lage, sich ein Wissensmonopol aufzubauen, da der Arbeitsprozess in seiner Gesamtheit nur noch in der Vorstellung des Managements präsent ist. Daraus ergibt sich für Braverman die Notwendigkeit des dritten Prinzips, die ‚**Verwendung dieses Wissensmonopols**‘, um jeden Schritt des Arbeitsprozesses zu kontrollieren. Denn das Management kann nun das tayloristische Kontrollkonzept anwenden, indem es den Arbeitern Art und Weise ihrer auszuführenden Arbeit exakt vorschreibt und alle notwendigen Entscheidungen während des Arbeitsprozesses selbst trifft.[123]

Neben dem ‚Scientific Management‘, das nicht allein zur Lösung des Transformationsproblems ausreicht, betont Braverman die Bedeutung der **wissenschaftlich-technischen Revolution**, welche dem Arbeitsprozess durch geplante Fortschritte von Technologie und Produktionsprozessgestaltung eine wissenschaftliche Grundlage gibt.[124] Der wissenschaftlich-technische Fortschritt bringt schnellere und effizientere Maschinen hervor, die zu einer höheren Arbeitsintensität führen und damit die Produktivität ansteigen lassen. Kennzeichnend für das kapitalistische System ist für Braverman dabei, dass

„[…] neue Methoden und Maschinen Teil der Bemühungen des Managements [sind], den Arbeitsprozeß als einen von den Arbeitern gelenkten Prozeß aufzu-

---

[122] Vgl. Braverman (1985): S. 94 ff.; vgl. Lang/ Alt (2003): S. 311 f.
[123] Vgl. Braverman (1985): S. 98; vgl. Lang/Alt (2003): S. 312; vgl. Kühl (2004): S. 64.
[124] Vgl. Braverman (1985): S. 123 ff.

lösen und als einen vom Management gelenkten Prozeß wiedererstehen zu lassen."[125]

Der wissenschaftlich-technische Fortschritt stellt dem Management die Mittel zur Verfügung, die theoretischen Prinzipien des ‚Scientific Managements' zu verwirklichen und die Arbeiter dadurch zu kontrollieren – statt wie vorher mit organisatorischen und disziplinierenden Methoden.[126] Als wesentliche Kontrollmittel hebt Braverman das Fließband sowie die zunehmende Automation und Mechanisierung (numerische Steuerung) hervor.[127] Zum Einsatz des Fließbandes, dessen Vorteil die Kontrolle der Arbeitsgeschwindigkeit ist, heißt es:

„Seine Geschwindigkeit liegt in der Hand des Managements und wird durch eine mechanische Vorrichtung bestimmt, deren Konstruktion schwerlich einfacher sein könnte, die aber das Management in die Lage versetzt, dieses einzelne wesentliche Kontrollelement des Prozesses in seine Gewalt zu bringen."[128]

Durch den wissenschaftlich-technischen Fortschritt und den damit verbundenen Rationalisierungsprozessen sowie durch Taylor´s ‚Scientific Management' stehen dem Management Instrumente, Methoden und Mittel zur Verfügung, welche es ihm ermöglichen, den Arbeits- und Produktionsprozess so umzugestalten, dass die lückenlose Kontrolle über diesen ausschließlich beim Management liegt. Der Arbeitsprozess wird in einfache Einzeltätigkeiten zerlegt und zerstört damit zunehmend die technischen Fähig- und Fertigkeiten der Arbeiter. Diese **Dequalifizierung bzw. Degradierung**, in Anlehnung an ‚Degradation' aus dem englischen Originalbuchtitel kann auch von Herabsetzung bzw. Erniedrigung gesprochen werden, ist laut Braverman das prägende Merkmal des kapitalistischen Arbeits- und Produktionsprozes-

---

[125] Braverman (1985): S. 134.

[126] Vgl. Braverman (1985): S. 134.

[127] Vgl. Braverman (1985): S. 181. Weiterhin führt Braverman zur Mechanisierung aus: „Die Fähigkeit des Menschen, den Arbeitsprozeß durch Maschinen zu kontrollieren, hat sich seit den Anfängen des Kapitalismus das Management angeeignet, und zwar als *wichtigstes Mittel, das die Herrschaft über die Produktion nicht dem unmittelbaren Produzenten, sondern den Besitzern und Repräsentanten des Kapitals überträgt.* Somit hat die Maschinerie im kapitalistischen System, abgesehen von ihrer technischen Funktion der Steigerung der Arbeitsproduktivität […] außerdem die Aufgabe, die Masse der Arbeiter der Herrschaft über ihre eigene Arbeit zu berauben." (Braverman [1985]: S. 151; Herv. i. O.).

[128] Braverman (1985): S. 153.

ses.[129] Damit verfolgt das Management das grundlegende Ziel, den subjektiven Faktor des Arbeitsprozesses auszuschalten und die Arbeit als ein objektives Element dem vom Management beherrschten Produktionsprozess unterzuordnen – der Arbeiter wird auf das Niveau eines Instruments dieses Prozesses reduziert. Nur dadurch ist es dem Management möglich, das Transformationsproblem zu seinen Gunsten zu lösen und die Arbeiter voll und ganz seinen Zielen unterzuordnen.[130]

Weiterhin leitet Braverman aus seiner Analyse des Arbeitsprozesses weitreichende **Folgen für die gesellschaftliche Entwicklung** ab. Dazu zählen die zunehmende Kapitalkonzentration (Monopolkapitalismus) und die Ausdehnung des Dienstleistungssektors, welcher besonders Frauen die Möglichkeit zur Berufstätigkeit zu geringen Löhnen eröffnet. Die Büroarbeit im Dienstleistungsbereich führt Braverman zufolge ebenso zur Dequalifizierung der Arbeiter wie die Arbeit im handwerklichen Gewerbe.[131]

> „Mit dem rapiden Wachstum der Büros in den letzen Jahrzehnten des 19. Jahrhunderts und der Umwandlung der Büroarbeit von einer bloßen Nebenerscheinung des Managements in einen selbstständigen Arbeitsprozeß, begann sich die Notwendigkeit bemerkbar zu machen, diesen Arbeitsprozeß zu systematisieren und zu kontrollieren. […] Zu jener Zeit, als sich dies abspielte, hieß das zwangsläufig die Anwendung der Methoden der wissenschaftlichen Betriebsführung auf das Büro."[132]

Weitere gesellschaftliche, unmittelbar mit der kapitalistischen Produktionsweise verbundene Entwicklungstendenzen sind für ihn die Entstehung eines universellen Marktes, d.h. dessen Vereinnahmung von bisher nicht-marktlichen Bereichen (bspw. Pflege, Bildung, Soziales, Familie), die Zunahme staatlichen Einflusses (etwa zur Absatzsicherung), die Veränderung der Klassenstruktur, die Polarisierung der Einkommen sowie ein zunehmendes Reservoir an Arbeitslosen, welches Braverman als ‚industrielle Reservearmee' bezeichnet und darin u.a. auch landwirtschaftliche und industrielle Wanderarbeiter verortet. Letztlich betont Braverman die zunehmende

---

[129] Vgl. Braverman (1985): S. 102 ff.; vgl. Maier (1991): S. 25; vgl. Hartz (2009): S. 217; vgl. Minssen (2006): S. 69 f.; vgl. Mikl-Horke (2007): S. 148; vgl. Gerst (2002): S. 93.
[130] Vgl. Braverman (1985): S. 135; vgl. Bruch (2000): S. 187; vgl. Kühl (2008): S. 139 f.
[131] Vgl. Braverman (1985): S. 225 ff.; vgl. Müller-Jentsch (1997): S. 59; vgl. Lang/Alt (2003): S. 313 f.; vgl. Mikl-Horke (2007): S. 217.
[132] Braverman (1985): S. 234 f.

Beherrschung und Dequalifizierung des Produktionsfaktors Arbeit durch das Kapital.[133]

3.2 Richard Edwards: Kontrollstrategien des Managements

Richard Edwards Hauptbeitrag zur Arbeitsprozesstheorie, seine Monografie mit dem Titel ‚Contested Terrain: The Transformation of Workplace in the Twentieth Century‘, erschien 1979.[134] In seiner Schrift, welche auf den Überlegungen von Harry Braverman und Andrew Friedman aufbaut, beschreibt er den Wandel der innerbetrieblichen Herrschafts- und Kontrollstrukturen aus historischer Sicht und stellt die Dialektik von Kontrolle und Widerstand der Arbeiter ins Zentrum seiner Betrachtung.

Edwards berücksichtigt im Gegensatz zu Braverman die Subjektivität und **aktive Rolle der Arbeiter** im Arbeitsprozess, welche als Widerstand zu Tage tritt und im Interessengegensatz von Arbeit und Kapital begründet ist. Für ihn ist das Unternehmen ein, in Anlehnung an den Originaltitel, ‚umkämpftes Terrain‘, wo ständig ein Ausgleich von Macht zwischen Management und Beschäftigten auszuhandeln ist. Grundlage dieses Konflikts ist das Transformationsproblem.[135] Edwards schreibt dazu folgendes:

> „Deswegen wird die Kontrolle des Arbeitsplatzes unerläßlich, um den Arbeiter, der ja kein unmittelbares Interesses am Gewinn besitzt, zur Verausgabung seiner Arbeitskraft zu bewegen. Dabei entzünden sich Konflikte an der Arbeitsorganisation, der Arbeitsgeschwindigkeit, den Arbeitsbedingungen, den Arbeitsrechten und an den Beziehungen der Arbeitnehmer untereinander. Der Arbeitsplatz wird zum Kampfplatz, weil die Arbeitgeber ihre Beschäftigten zur Höchstleistung antreiben wollen, während die Arbeiter sich diesen Versuchen zwangsläufig widersetzen.“[136]

Der Widerstand der Beschäftigten kann nach Edwards unterschiedliche Artikulationsmöglichkeiten haben: individuell oder kollektiv, legitim oder illegitim sowie verdeckt oder offen. Aktionen der Arbeiter sind bspw. Streik, Sabotage, Arbeitsniederle-

---

[133] Vgl. Braverman (1985): S. 294 ff.; vgl. Hartz (2009): S. 220; vgl. Dankbaar (2002): S. 245.
[134] Die deutsche Übersetzung erschien 1981 unter dem Titel ‚Herrschaft im modernen Produktionsprozeß‘. Die Zitate im Rahmen dieser Arbeit sind dieser deutschen Ausgabe entnommen.
[135] Vgl. Edwards (1981): S. 21 f.; vgl. Deutschmann (2002): S. 117; vgl. Sablowski (2000): S. 104; vgl. Clegg (1981): S. 550.
[136] Edwards (1981): S. 22.

gung, strenger Dienst nach Vorschrift, Arbeitspausen, Fehlzeiten, Diebstahl, Vanda-lismus, Alkoholkonsum oder die Stilllegung des Betriebs.[137] Ziel des Kapitals bzw. Managements muss es demnach sein, diesen Widerstand mittels Kontrolle zu minimieren, um den Arbeits- und Produktionsprozess möglichst konfliktfrei zu organi-sieren, wobei Edwards unter **Kontrolle** die Fähigkeit des Managements versteht, von den Arbeitern das gewünschte Arbeitsverhalten zu erzwingen.[138]

Um dies zu realisieren, benötigt das Management ein **Kontrollsystem**, welches für Edwards die Zusammenfassung aller sozialen Beziehungen im Unternehmen dar-stellt. Ihm zufolge muss sich ein Kontrollsystem durch folgende miteinander verbun-dene Elemente auszeichnen: Anweisung (eine Methode zur Definition dessen, was, wann und wie getan werden muss), Bewertung (eine Methode zur Kontrolle und Bewertung, um mögliche Fehler korrigieren und die Leistung der Arbeiter messen zu können) und Disziplinierung (eine Methode, die Arbeiter diszipliniert oder belohnt, um die nötige Kooperation und die Unterwerfung unter den Arbeitsprozess zu erzie-len).[139] Ein solches Kontrollsystem kann durch unterschiedliche Formen und Strate-gien der Kontrolle realisiert werden.

Im Gegensatz zu Braverman, der von einer einzigen erfolgreichen Kontrollstrategie des Managements ausgeht (mittels Taylorisierung und wissenschaftlicher Rationali-sierung), beschreibt die auf ihn aufbauende Arbeitsprozesstheorie unterschiedliche Kontrollmöglichkeiten. Zunächst unterschied Andrew Friedman zwischen zwei Strategietypen der Kontrolle: die ‚verantwortliche Autonomie', welche eine Stärkung der Arbeiterloyalität durch selbstverantwortliche Arbeit anzustreben versucht und die ‚direkte Kontrolle', die jegliche Verantwortung dem Arbeiter bei gleichzeitig strenger Überwachung nimmt.[140]

Edwards geht noch einen Schritt weiter als Friedman, indem er nicht nur zwischen unterschiedlichen Formen der Kontrolle unterscheidet, sondern eine **historische**

---

[137] Vgl. Edwards (1981): S. 24 & S. 58 ff.
[138] Vgl. Edwards (1981): S. 27; vgl. Sablowski (2000): S. 104.
[139] Vgl. Edwards (1981): S. 27; vgl. Maier (1991): S. 26; vgl. Sablowski (2000): S. 104; vgl. Thomp-son/McHugh (1990): S. 147; vgl. Clegg (1981): S. 550.
[140] Vgl. Minssen (2006): S. 70; vgl. Kühl (2008): S. 140; vgl. Bruch (2000): S. 188 f.; vgl. Littler (1987): S. 35 f.; vgl. Meiksins (1994): S. 50. Für ausführliche Informationen siehe Friedman (1977); eine gute Zusammenfassung findet sich auch bei Hartz (2009) und Lang/Alt (2003).

Entwicklung der unterschiedlichen **kapitalistischen Kontrollformen** vor dem Hintergrund des Transformationsproblems identifiziert, die er als linearen Prozess deutet. Er unterscheidet zwischen ‚einfacher und persönlicher Kontrolle', ‚technischer Kontrolle' und ‚bürokratischer Kontrolle'. Die beiden letzteren fasst Edwards als ‚strukturelle Kontrolle' zusammen, da die Macht- und Kontrollausübung der ‚einfachen und persönlichen Kontrolle' relativ unstrukturiert ist. Als Auslöser für den jeweiligen Wandel der Kontrollform beschreibt Edwards einerseits den Widerstand der Arbeiter, denen es gelingt, sich der vorherrschenden Kontrolle zu widersetzen und so das Management zur Etablierung eines neuen Kontrollsystems zwingen, und anderseits die zunehmende Kapitalkonzentration und Kapitalakkumulation, welche gleichzeitig den Monopolkapitalismus konstatierten.[141]

Die ‚**einfache und persönliche Kontrolle**' dominierte im Früh- bzw. Konkurrenzkapitalismus zur Zeit der beginnenden Industrialisierung im 19. Jahrhundert und währte bis zum Anfang des 20. Jahrhunderts. Die Unternehmen waren sehr klein und meist im Eigentum von Familien oder wenigen Teilhabern, denen gleichzeitig die unternehmerische Kontrolle über alle Betriebsaktivitäten oblag.[142] Edwards beschreibt folgendes Bild:

> „Er [der Kapitalist] hatte den Arbeitsablauf genauso unter seiner Kontrolle wie seine Meister und intervenierte sofort mit all seiner Macht, um irgendwelche Probleme zu lösen, indem er sich rücksichtslos über alte Verfahrensweisen hinwegsetzte, widerspenstige Arbeiter entließ und neue einstellte, Arbeitspläne umänderte, Löhne senkte, Prämien gewährte und so fort."[143]

Die Mechanismen des vorherrschenden Kontrollsystems bzw. die Ausübung der Kontrolle zeichnete sich durch Willkür, persönliche Macht, Autorität und Despotismus aus und erfolgte eher informell und unstrukturiert. Begünstigt wurde eine solche Form der Kontrolle durch die damaligen kleinen Unternehmensgrößen und die geografische Konzentration der Betriebsaktivitäten. Dadurch konnten die Klassenunterschiede zwischen Kapital und Arbeit verschleiert, die Loyalität der Arbeiter gegen-

---

[141] Vgl. Gerst (2002): S. 93; vgl. Deutschmann (2002): S. 117; vgl. Sablowski (2000): S. 105; vgl. Lang/Alt (2003): S. 320; vgl. Meiksins (1994): S. 50; vgl. Thompson/McHugh (1990): S. 152. Zur zunehmenden Kapitalkonzentration bzw. Monopolkapitalismus siehe Edwards (1981): S. 47 ff. & S. 83 ff.
[142] Vgl. Edwards (1981): S. 33 f.
[143] Edwards (1981): S. 35.

über dem Unternehmen gestärkt und die Bildung von Gewerkschaften verhindert werden.[144]

Die Industrialisierung wurde allerdings von der Expansion erfolgreicher Unternehmen begleitet, was letztlich eine persönliche Kontrolle zunehmend schwieriger machte. Damit einher gingen immer größer und komplexer werdende Unternehmen, eine zunehmende Ausführung nicht-manueller Arbeit, eine differenziertere Arbeitsteilung und geografisch verstreute Produktions- und Geschäftsaktivitäten sowie eine immer größer werdende Distanz zwischen Kapital und Arbeit. Daraufhin kam es zu militanten Widerstandsaktionen der Arbeiter, umfassender gewerkschaftlicher Organisation und hoher Fluktuation.[145] Das Management wurde damit gezwungen, andere Mechanismen und Formen der Kontrolle zu implementieren, die den einzelnen Arbeiter unabhängiger vom Arbeitsprozess machten. Die hierarchische Kontrolle, später das ‚Scientific Management', der Wohlfahrtskapitalismus und die Betriebsgewerkschaften oder Arbeitnehmervertretungen bezeichnet Edwards als **Kontrollexperimente bzw. Übergangslösungen,** um sich den veränderten Rahmenbedingungen anzupassen.[146] Allerdings gewährleisteten sie keinen dauerhaften Erfolg.

Somit wurde die ‚einfache Kontrolle' letztlich erst durch die zwei Formen der ‚**strukturellen Kontrolle'**, welche den Monopolkapitalismus prägten, abgelöst bzw. ergänzt. Edwards beschreibt diesen Prozess wie folgt:

> „Durch die Tatsache, daß man nunmehr von der [...] umfassenderen und von oben definierten Gesamtstruktur des Unternehmens ausging, wurde dem Meister die Kontrolle über den Arbeitsablauf abgenommen, und seine Rolle bestand fortan im wesentlichen in der Durchsetzung einer vorstrukturierten Abfolge von Arbeitsverrichtungen. Entscheidend war jedoch, daß *die Macht hinter der Arbeitsstruktur verborgen* wurde."[147]

---

[144] Vgl. Edwards (1981): S. 34 ff.
[145] Vgl. Edwards (1981): S. 61 ff.; vgl. Maier (1991): S. 26; vgl. Minssen (2006): S. 70; vgl. Deutschmann (2002): S. 117; vgl. Littler (1987): S. 39. Zu Formen des Widerstands siehe diesen Abschnitt weiter oben.
[146] Vgl. Hartz (2009): S. 229. Nähere Ausführungen zu diesen Experimenten siehe Edwards (1981): S. 40 ff. & S. 102 ff.
[147] Edwards (1981): S. 123; Herv. i. O.

Zunächst dominierte die ‚**technische Kontrolle**' bis in die 1950er Jahre, welche durch den zunehmenden Einsatz von Maschinerie und Automation in die stoffliche Struktur und Organisation des Produktions- und Arbeitsprozesses integriert werden konnte und somit Arbeitsinhalt, Arbeitsablauf und Arbeitstempo durch die Produktionstechnologie bestimmt wurden. Die Arbeiter waren somit einem technologischen Sachzwang ausgesetzt, durch den weder sie noch die unmittelbar Vorgesetzten den Arbeitsprozess beeinflussen konnten.[148]

> „Die tatsächliche Macht zur Kontrolle der Arbeit liegt also beim Band und nicht beim Meister, so daß die Arbeiter mit der wesentlich unpersönlicheren Kontrolle der Technologie konfrontiert sind." [149]

Das klassische Beispiel dafür ist der Einsatz des Fließbandes der tayloristischen Massenproduktion. Allerdings hebt Edwards auch die inneren Widersprüche der ‚technischen Kontrolle' hervor, welche zu einer Homogenisierung der Arbeiter führte und den individuellen Konflikt zwischen Arbeiter und Meister in einen kollektiven Konflikt auf Unternehmensebene umgestaltete. Zudem begünstigte der Technologieeinsatz die Bildung von Gewerkschaften.[150]

> „Da die technische Kontrolle die gesamten Arbeiter miteinander verband, schlossen sich alle automatisch dem Streik an, sobald das Band stillstand. Darüber hinaus konnte gerade in einem großen, integrierten Fertigungsprozess wie der Autoproduktion eine relativ kleine Gruppe disziplinierter Gewerkschafter das gesamte System bereits durch den Stillstand eines Teilbereichs lahmlegen."[151]

Diese Tendenzen, Widersprüche und Wechselwirkungen der ‚technischen Kontrolle' führten letztendlich ab 1950 zum Entstehen der ‚**bürokratische Kontrolle**', welche in die sozial-organisatorische Struktur und in den sozialen Beziehungen eingebettet ist. Edwards charakterisiert diese folgendermaßen:

---

[148] Vgl. Edwards (1981): S. 145 ff.; vgl. Minssen (2006): S. 70; vgl. Maier (1991): S. 26; vgl. Littler (1987): S. 39; vgl. Hartz (2009): S. 229.
[149] Edwards (1981): S. 135.
[150] Vgl. Edwards (1981): S. 139 ff.
[151] Edwards (1981): S. 141.

„Ihr entscheidendes Merkmal ist die Institutionalisierung der hierarchischen Macht, das heißt, die ‚Herrschaft des Vorgesetzten' wird durch die ‚Herrschaft des (Betriebs-) Rechts' ersetzt, bei dem sich Aufsichtsführende und Arbeiter dem Diktat der ‚Unternehmenspolitik' gleichermaßen unterwerfen müssen."[152]

Demnach basiert die ‚bürokratische Kontrolle' auf formalen Strukturen, Regelungen und Prozessen wie bspw. Stellenbeschreibungen, Arbeitsbewertungs-, Personalbeurteilungs-, Personalentwicklungs- und Karrieresystemen, Beförderungsregelungen und Tarifvereinbarungen.[153] Deren Institutionalisierung bewirkt eine Verdinglichung der Kontrolle in den Arbeitsstrukturen und der Arbeitsorganisation und macht sie damit unsichtbar, unpersönlich und nicht-direktiv. Die Vorhersehbarkeit und Zuverlässigkeit des Arbeitsverhaltens wird durch starke und systematische Anreize erreicht, welche regelkonformes Verhalten honorieren und zur Verinnerlichung der Unternehmensziele und Unternehmenswerte beitragen sollen.[154]

Diese historische Aufeinanderfolge und Entwicklung bestimmt nach Edwards auch die gegenwärtigen Kontrollmethoden innerhalb der Arbeitsorganisation, da die jeweilige Kontrollform einem entsprechenden Stadium des Kapitalismus zugeordnet werden kann. Dabei vertritt er die allgemeine Tendenz, dass eine direkte und persönliche Kontrolle zunehmend von einer indirekten, versachlichten und strukturierten Kontrolle abgelöst wird. Allerdings ist die Koexistenz der drei Kontrollformen möglich, da verschiedene Industriezweige und Branchen (z. B. Unternehmensgröße, Widerstand oder Kooperation der Arbeiter, Art der Produktionstechnologie) sowie Länder (z. B. rechtliche Regelungen) unterschiedliche Entwicklungen durchlaufen.[155] Das heißt, es können gegenwärtig nicht nur über Ländergrenzen hinweg unterschiedliche Ausprägungsformen der Kontrolle auftreten, sondern auch, durch die verschiedenartige kapitalistische Entwicklung der jeweiligen volkswirtschaftlichen Sektoren und Branchen, innerhalb eines Landes.

Als (gesellschaftliche) **Konsequenzen der Kontrollsysteme** identifiziert Edwards die Spaltung des Arbeitsprozesses und die daraus folgende Segmentierung des

---

[152] Edwards (1981): S. 30.
[153] Vgl. Edwards (1981): S. 144 ff.; vgl. Lang/Alt (2003): S. 320; vgl. Maier (1991): S. 26; vgl. Minssen (2006): S. 70.
[154] Vgl. Edwards (1981): S. 158 ff.
[155] Vgl. Edwards (1981): S. 31; vgl. Maier (1991): S. 27.

Arbeitsmarktes, die Fraktionierung der Arbeiterklasse und deren verstärkte politische Dominanz, das Fortbestehen der Rassen- und Geschlechterdiskriminierung sowie die zunehmende Verlagerung der Konflikte zwischen Arbeitern und Kapitalisten von der Unternehmens- auf die Staatsebene.[156] Letztlich sieht aber Edwards ebenso wie Braverman die allgemeine Tendenz in der kapitalistischen Entwicklung dahin gehen, dass sich eine ausweitende Kontrolle der Arbeiter durch das Management etabliert und damit die Eigenständigkeit der Arbeiter stetig abnimmt bzw. zurückgedrängt wird.

3.3 Stewart R. Clegg: inner- und außerorganisationale Kontrolle

Ein wesentlicher Beitrag Stewart R. Cleggs zur Theorie der organisationalen Kontrolle ist sein 1980 in Zusammenarbeit mit David Dunkerley erschienenes Buch ‚Organization, Class and Control'. Darin entwickeln beide ein Modell, dass von der einzelnen Organisation ausgehend, diese mit den ihr übergeordneten Bereichen der Umwelt und Gesellschaft verbindet.[157]

Clegg und Dunkerley gehen davon aus, dass im Kontext ökonomischer Herrschaftsstrukturen, besonders in der Organisation des Arbeits- und Produktionsprozesses, **Macht** auftritt, worunter sie eine spezielle Art sozialen Handels von Individuen auf der Grundlage von Regeln verstehen. Sie drückt sich in Organisationen durch die Kontrolle über die Produktionsmittel und Produktionsmethoden und in der Behauptung bzw. Bekräftigung der Kontrolle über diese aus.[158] Clegg und Dunkerley verstehen unter Macht in Organisationen

> „[...] the ability to exercise control over resources which, when agents engage in or refrain from practices, produce effects on other agents; in the instance of organizational analysis these will be those practices that are the visible structure of social relationships, and the changes in these, which are the organization."[159]

---

[156] Vgl. Edwards (1981): S. 177 ff.; vgl. Sablowski (2000): S. 105; vgl. Hartz (2009): S. 229; vgl. Littler (1987): S. 41; vgl. Thompson/McHugh (1990): S. 152.
[157] Vgl. Lang/Alt (2003): S. 309.
[158] Vgl. Clegg/Dunkerley (1980): S. 456; vgl. Thompson/McHugh (1990): S. 146 ff.; vgl. Lang/Alt (2003): S. 324.
[159] Clegg/Dunkerley (1980): S. 476.

Kontrolle wird von den Autoren, in Anlehnung an die neomarxistische Arbeitsprozesstheorie, als eine historisch unterschiedliche Form der Ausübung von systematischer Steuerung und Beherrschung des Arbeitsprozesses verstanden. Dabei betonen sie zunächst nur Individuen und Gruppen in Organisationen, gehen allerdings von einer über die Organisation hinausgehenden Kontrolle aus.[160] Clegg und Dunkerley beschreiben dies wie folgt:

> „Although they were developed initially in the sphere of productive enterprise as means of controlling capitalist labour process, they are capable of extension both beyond productive organizations and capitalist societies."[161]

Daraus leiten beide Autoren die Notwendigkeit ab, Macht, Herrschaft und Kontrolle über den organisationalen Kontext des Arbeits- und Produktionsprozesses hinaus, speziell mit Fokus auf die kapitalistische Gesellschaft, zu untersuchen, um die Grundregeln herauszufinden, nach denen sich Organisation, Gesellschaft, Macht, Herrschaft und Kontrolle verbinden und reproduzieren.[162]

Die Regeln nach denen dies geschieht bezeichnen Clegg und Dunkerley als ‚**sedimented selection rules'** bzw. **organisationale Tiefenregeln**, welche auch als Strategien oder Formen von Kontrolle verstanden werden können. Denn ihr Ziel ist die Sicherung der Kontrolle der Kapitalisten (auf Unternehmens- und Staatsebene) über den Arbeits- und Produktionsprozess, deren Notwendigkeit sich aus dem Interessengegensatz von Kapital und Arbeit ergibt.[163] Zur Entstehung dieser Tiefenregeln schreiben Clegg und Dunkerley:

> "The rules become dominant at particular moments because they represent strategies appropriate to the conjunctural possibilities of accumulation."[164]

---

[160] Vgl. Lang/Alt (2003): S. 324; vgl. Armandi (1981): S. 391.

[161] Clegg/Dunkerely (1980): S. 483. An anderer Stelle beschreibt Clegg diesen Sachverhalt folgendermaßen: „Consequently, different types of control tend to evolve in specific relationships to different levels of the class structure, and this occurs both intra- and interorganizational." (Clegg [1981]: S. 551).

[162] Vgl. Lang/Alt (2003): S. 325; vgl. Mitchell (1981): S. 465. Clegg und Dunkerley argumentieren, dass „[...] the sociology of organizations should adopt a more historically informed perspective around the idea of 'organizations as control'." (Clegg/Dunkerley [1981]: S. 1).

[163] Vgl. Clegg/Dunkerley (1980): S. 508 f.

[164] Clegg (1981): S. 552.

Die 'sedimented selection rules' sind historisch entstanden, bilden die Grundlage der sozialen Struktur einer Organisation und regulieren damit das Verhalten der Organisationsmitglieder. Der stetige Prozess der Produktion und Reproduktion dieser Regeln führt zur Bildung einer allgemeinen formalen Organisationsstruktur ('Oberflächenstrukturen') sowie zur Bildung und Reproduktion von Klassenstrukturen im kapitalistischen System. Gleichzeitig sind diese Regeln von der ökonomischen Logik des Kapitalismus, der ständigen Akkumulation und Produktion von Mehrwert, geprägt. Im Mittelpunkt steht dabei die Sicherung des Eigentums (welches den Kapitalisten gehört), der Umgang mit der organisatorischen Umwelt und die Kontrolle der Organisation, speziell über den Arbeits- und Produktionsprozess.[165]

> „Organization control is not a feature of an isolated organizational system and its environment, but a sedimented structure of selection rules for dealing with one system: the world system."[166]

Clegg und Dunkerley unterscheiden verschiedene **Formen organisationaler Tiefenregeln bzw. Kontrollstrategien**, welche organisationsintern und organisationsextern lokalisiert sein können, eine bestimmte gesellschaftliche Klasse betreffen und in Interdependenz zueinander stehen. Untere gesellschaftliche Klassen sind dabei einer intensiven Kontrolle ausgesetzt, während die Kontrolle der mittleren Klasse bzw. des unteren und mittleren Managements eher organisationsintern ausgeübt wird und das Top-Management eine tendenziell extensive Kontrolle erfährt.[167] In Abbildung 3 sind die Struktur dieser inner- und außerorganisationalen Tiefenregeln zusammenfassend dargestellt:

---

[165] Vgl. Clegg/Dunkerley (1980): S. 476 & S. 501 ff.; vgl. Spangler (1981): S. 678; vgl. Lang/Alt (2003): S. 325; vgl. Armandi (1981): S. 391.
[166] Clegg/Dunkerley (1980): S. 482.
[167] Vgl. Clegg (1981): S. 559.

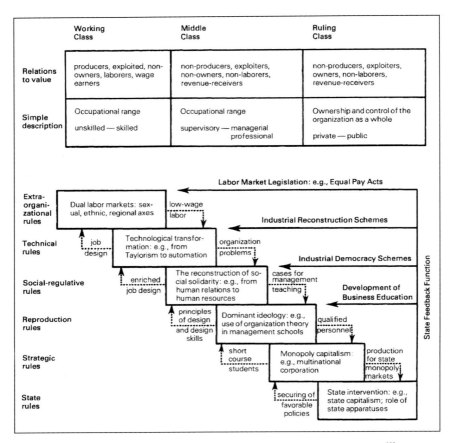

	Working Class	Middle Class	Ruling Class
Relations to value	producers, exploited, non-owners, laborers, wage earners	non-producers, exploiters, non-owners, non-laborers, revenue-receivers	non-producers, exploiters, owners, non-laborers, revenue-receivers
Simple description	Occupational range unskilled — skilled	Occupational range supervisory — managerial professional	Ownership and control of the organization as a whole private — public

Labor Market Legislation: e.g., Equal Pay Acts

Extra-organizational rules	Dual labor markets: sexual, ethnic, regional axes	low-wage labor	Industrial Reconstruction Schemes
Technical rules	job design	Technological transformation: e.g., from Taylorism to automation	organization problems	Industrial Democracy Schemes
Social-regulative rules	enriched job design	The reconstruction of social solidarity: e.g., from human relations to human resources	cases for management teaching	Development of Business Education
Reproduction rules	principles of design and design skills	Dominant ideology: e.g., use of organization theory in management schools	qualified personnel	
Strategic rules	short course students	Monopoly capitalism: e.g., multinational corporation	production for state monopoly markets	
State rules		securing of favorable policies	State intervention: e.g., state capitalism; role of state apparatuses	

State Feedback Function

Abbildung 3: Struktur der inner- und außerorganisationalen Tiefenregeln[168]

Außerorganisatorische Regeln betreffen ausschließlich die Arbeiterklasse und damit die weniger qualifizierten Arbeiter. Ziel dieser Regeln ist die Regulierung des Verhältnisses von qualifizierter und unqualifizierter Arbeit, denn sie erhalten durch eine Segmentierung des Arbeitsmarktes (bspw. durch eine Dualität) und durch institutionalisierte Zuordnungs- und Zuschreibungsregeln zu qualifizierter und unqualifizierter Arbeit, welche deren Beschäftigungschancen strukturieren bzw. festlegen,

---

[168] Clegg (1981): S. 553.

besonderen Ausdruck. Dadurch treten Unterschiede der Gehälter und Löhne, der Beschäftigungsdauer sowie der Karrieremöglichkeiten, in Abhängigkeit der jeweiligen Qualifikation, ethnischen Herkunft, Alter, Geschlecht oder Religion, auf.[169] Daraus leiten Clegg und Dunkerley die Tatsache ab, dass die unqualifizierten Arbeiter wahrscheinlich die am meisten sozial benachteiligte Gruppe im gesamten Arbeitsprozess ist.

Ebenso zielen **technische Regeln** auf die Kontrolle der Arbeiterklasse bzw. tendenziell gering qualifizierter Arbeiter ab, denn sie beziehen sich auf Veränderungen in der verwendeten (Produktions-) Technologie, wie bspw. das ‚Scientific Management‘ oder den Einsatz flexibler Automation und Mechanisierung. Diese Regeln wirken sich damit ebenso auf das Verhältnis ungelernter und qualifizierter Arbeiter aus wie auf Formen und Tätigkeiten der Überwachung und Kontrolle und unterstützen damit den Prozess der Segmentierung der Arbeitsmärkte. Durch den Prozess der stetigen Einführung neuer Technologien soll eine zunehmende Kontrolle über die Arbeitskräfte durch das Management gesichert werden.[170] Zum ‚Scientific Management‘ schreiben Clegg und Dunkerley:

> „This left management in the position of having a set of principles laying down how to make its workforce more productive, whilst possessing no body of knowledge that specifically applied from supervisory levels upward in the organizational hierarchy."[171]

Die technischen Regeln haben zu einer Erosion der handwerklichen und persönlichen Fähig- und Fertigkeiten der Arbeiter geführt und die Herrschaft der Technik im Arbeits- Produktionsprozess durchgesetzt. Gleichzeitig hat sich dadurch aber auch die Technologie der Akkumulation des Kapitals und dessen Kontrollanspruch untergeordnet.[172]

---

[169] Vgl. Clegg/Dunkerley (1980): S. 531 f.; vgl. Clegg (1981): S. 556; vgl. Lang/Alt (2003): S. 325. Für Edwards ist die Segmentation der Arbeitsmärkte eine Folge der historischen Entwicklung der Kontrollstrategien (siehe Abschnitt 3.2).

[170] Vgl. Clegg/Dunkerley (1980): S. 347; vgl. Clegg (1981): S. 556; vgl. Lang/Alt (2003): S. 326. Die technischen Regeln entsprechen Edwards ‚technischer Kontrolle‘ und Braverman´s Kontrolle mittels ‚Scientific Management‘ (siehe Abschnitt 3.1 und 3.2).

[171] Clegg/Dunkerley (1980): S. 99.

[172] Vgl. Clegg/Dunkerley (1980): S. 5; vgl. Clegg (1981): S. 554. Diese Konsequenzen beschreibt Braverman als Dequalifizierung bzw. Degradierung (siehe Abschnitt 3.1).

Sozial-regulative Regeln als Form der Kontrolle betreffen hauptsächlich das untere und mittlere Management (Aufsichtspersonal) bzw. die qualifizierten Arbeiter. Sie zielen besonders auf Mechanismen der sozialen Integration, Solidarität und Loyalität ab, um qualifizierte Angestellte an die Organisation zu binden. Clegg und Dunkerley begründen den Einsatz dieser Regeln wie folgt:

> „It is precisely these types of workers, those who are more strategically contingent, that capital will attempt to control through more subtle hegemonic domination: that is, though social regulative rules as a form of control."[173]

Ebenso sehen sie deren Notwendigkeit darin, das durch eine stetig schrumpfende ‚industrielle Reservearmee' eine Kontrolle der Arbeiter mittels Zwang zunehmend unmöglich wird und somit auf weichere und verstecktere Formen der Kontrolle zurückgegriffen werden muss. Der Einsatz dieser Regeln spiegelt sich u.a. im Übergang von einer Betrachtung der Arbeitskräfte vom Ansatz der ‚Human Relations' zu ‚Human Resources' und der damit verbunden Humanisierung der Arbeit wider.[174]

Reproduktionsregeln betreffen die Verbreitung und Reproduktion vorherrschender Ideologien und Managementkonzepte, die das mittlere und Top-Management durch ihre Ausbildung an Hochschulen und ‚Business und Management Schools' lernt. Diese Bildungseinrichtungen, ob privat oder öffentlich, stellen eine (vom Staat) institutionalisierte Kontrolle von Organisationen dar, da sie zur Produktion und Reproduktion vorherrschender Ideologien beitragen.[175] Daraus ergibt sich für das Management die Möglichkeit zur Ausübung hegemonialer Macht, mit der es die kognitiven Strukturen der Organisationsmitglieder bestimmen bzw. beeinflussen kann.[176] Zur Funktion dieser Regeln schreiben Clegg und Dunkerley:

> „Their function is to disguise and mystify the organization as practical, partial, political reason, by presenting it as if it were the outcome of a total, technical reason: the ‘logic' of industrialization, the causal outcome of ‘size' or ‘technology', etc."[177]

---

[173] Clegg/Dunkerley (1980): S. 531.
[174] Vgl. Clegg/Dunkerley (1980): S. 512 ff.; vgl. Clegg (1981): S. 555; vgl. Lang/Alt (2003): S. 326.
[175] Vgl. Clegg/Dunkerley (1980): S. 537; vgl. Clegg (1981): S. 557; vgl. Lang/Alt (2003): S. 326.
[176] Vgl. Mitchell (1981): S. 466.
[177] Clegg/Dunkerley (1980): S. 547.

Strategische Regeln beziehen sich auf den durch die kapitalistische Entwicklung geschaffenen globalen Wettbewerb und dessen Spielregeln, die mit der Entstehung von multinationalen Großunternehmen (Monopolkapitalismus) verbunden sind. Durch den globalen Wettbewerb werden diese Art der Unternehmensregeln beeinflusst. Sie betreffen dabei nicht nur das mittlere Management, sondern auch die Unternehmensführung und die Existenz von Organisationen.[178]

Staatliche Regeln umfassen die Interventionen des Staates bzw. dessen aktive Rolle und seine Verwaltung (einschließlich staatseigener Unternehmen), die der Sicherung von günstigen Bedingungen der Kapitalverwertung und Eigentumsrechten dienen. Die Regeln schließen private und öffentliche Unternehmen und Organisationen, die Verflechtung von Wirtschaft und Staat sowie unterschiedliche staatliche Politikfelder, wie bspw. die Bildungs- und Arbeitsmarktpolitik, ein. Durch staatliche Programme oder steuernde staatliche Einflüsse (bspw. die Arbeitsmarktgesetzgebung oder die Entwicklung von Bildungseinrichtungen) kann der Staat die anderen Regeln beeinflussen, festigen oder modifizieren ('state feedback function') und determiniert damit die Rahmenbedingungen für die Art und Weise der Kontrolle in Organisationen.[179]

> „The state, through defining, making, and enforcing rules, structures the space in which organizations operate."[180]

Damit betonen Clegg und Dunkerley die Wichtigkeit des Staates als politischen und ökonomischen Akteur in der organisationalen Umwelt und dessen Einfluss auf die Organisation. Gleichzeitig ergibt sich daraus die Notwendigkeit für eine Organisation, den Staat und dessen Politik zu beeinflussen bzw. zu kooptieren, damit ihre Interessen geschützt oder bevorteilt werden, um einen möglichst großen Gewinn zu erwirtschaften und die Stellung im Markt zu festigen.[181] Dadurch heben beide Autoren die Verbindung von Organisation und Gesellschaft bzw. Klasse hervor, da die Art und Weise des Arbeits- und Produktionsprozesses in und durch Organisationen produ-

---

[178] Vgl. Clegg/Dunkerley (1980): S. 533 f.; vgl. Clegg (1981): S. 557; vgl. Lang/Alt (2003): S. 326.
[179] Vgl. Clegg/Dunkerley (1980): S. 516; vgl. Clegg (1981): S. 558 f.; vgl. Lang/Alt (2003): S. 326 f.
[180] Clegg (1981): S. 558.
[181] Vgl. Clegg/Dunkerley (1980): S. 540.

ziert und reproduziert wird und damit innerhalb einer Gesellschaft Entfaltung erlangt.[182]

Diese beschriebenen Ausführungen und Konzeptionen vertieft Clegg 1989 in seinem Buch ‚Frameworks of Power', worin er unter Einbeziehung von poststrukturalistischen Autoren, wie bspw. Anthony Giddens und Michael Foucault, ein breiteres Modell zur Analyse von Macht, Herrschaft und Kontrolle entwickelt und besonders die Herausbildung von Machtkreisläufen in modernen Gesellschaften sowie die Stabilität und Veränderung von organisationalen Macht- und Kontrollstrukturen beschreibt.[183] Da diese Konzepte der poststrukturalistischen Arbeitsprozesstheorie zugeordnet sind, wird auf sie im Rahmen der vorliegenden Untersuchung nicht weiter eingegangen.

---

[182] Vgl. Clegg/Dunkerley (1980): S. 6; vgl. Clegg (1981): S. 558.
[183] Vgl. Lang/Alt (2003): S. 309. Eine ausführliche Darstellung findet sich bei Clegg (1989); eine Zusammenfassung und Übersicht bspw. bei Clegg (2000).

4 Organisationale Kontrolle am Beispiel des Unternehmens Foxconn

Das folgende Kapitel befasst sich speziell mit der organisationalen Kontrolle der chinesischen Wanderarbeiter beim Unternehmen Foxconn am Standort Shenzhen. In einem ersten Schritt soll zunächst das Unternehmen kurz mit grundlegenden Fakten vorgestellt werden. Im Anschluss daran erfolgt die Darstellung der Arbeitsbedingungen der Wanderarbeiter bei Foxconn. Den letzten Teil des Kapitels bildet die theoriegeleitete Analyse dieser Bedingungen sowie der gesellschaftlichen Umwelt mittels der oben ausgeführten Ansätze der organisationalen Kontrolle.

Zunächst soll die Auswahl des Unternehmens begründet sowie die Methodik der Darstellung und Analyse der Arbeitsbedingungen bei Foxconn erläutert werden. Die **Auswahl des Unternehmens** Foxconn als Analyseobjekt wird durch dessen Größe und hohen Beschäftigungsanteil von Wanderarbeitern und der damit verbundenen Repräsentativität der Branche und der Arbeitsbedingungen für Wanderarbeiter ebenso begründet wie durch dessen globale Medienpräsenz, was eine relativ hohe empirische Materialdichte gewährleistet.

Die der Darstellung und theoriegeleiteten Analyse zugrunde liegende **Methodik** ist eine Sekundäranalyse von Daten, Artikeln und Fallstudien aus wissenschaftlichen Publikationen, Fachzeitschriften, Zeitungen und dem Internet zum Unternehmen sowie zur chinesischen Elektronikindustrie.[184] Gegenstand der Sekundäranalyse ist die erneute Auswertung vorhandenen Materials von bereits durchgeführten Untersuchungen, unabhängig von deren Ziel oder Bezugsrahmen.[185] Im Rahmen dieser Untersuchung bedeutet das, dass zunächst aus den verschiedenen Quellen eine (aggregierte) Darstellung der Arbeitsbedingungen und daran anschließend die theoriegeleitete Analyse der organisationalen Kontrolle erfolgt. Begründet wird die Wahl dieser methodischen Vorgehensweise mit der damit verbundenen Einsparung von Kosten und Zeit für die Erhebung von Daten und der Möglichkeit, mehrere

---

[184] Da es bisher keine konkreten Daten hinsichtlich des Produktionsmodells von Foxconn gibt, wird vor allem die Organisation des Arbeitsprozesses bei Foxconn aus Studien über die Produktionsbedingungen in der chinesischen Elektronikbranche (worin Foxconn Untersuchungsgegenstand war) abgeleitet, da aus diesen hervorgeht, dass die vorherrschenden Produktionssysteme branchenweit eine hohe Homogenität aufweisen.

[185] Vgl. Faulstich (2004): S. 190; vgl. Flick (2000): S. 129; vgl. Diekmann (2007): S. 172 f.; vgl. Gabler Wirtschaftslexikon (2011b): online.

Untersuchungen zu nutzen, um eine möglichst umfassende Darstellung zu gewähr-leisten. Nachteilig ist einerseits der Umstand, dass die Güte und Validität der Darstellung und damit auch der theoriegeleiteten Analyse durch die Qualität des Sekundärmaterials begrenzt ist bzw. durch dieses prädeterminiert wird und andererseits die Gefahr des Objektivitätsverlustes, da die Materialauswahl tendenziell subjektiv und selektiv erfolgt.[186]

4.1 Unternehmen Foxconn

Das taiwanesische Unternehmen ‚Hon Hai Precision Industry‘, besser bekannt unter seinem internationalen Handelsnamen Foxconn Technology Group bzw. kurz Foxconn, wurde 1974 von Terry Gou, welcher bis heute das Unternehmen leitet, ge-gründet.[187] Foxconn, das größte Privatunternehmen Taiwans, beschreibt seine Geschäftstätigkeit wie folgt:

> „The Group engages in the business of electronics contract manufacturing of computers, consumer electronics, telecommunications, automotive electron-ics, digital contents, and channel businesses."[188]

Foxconn ist mit über 50 Prozent der Gesamteinnahmen und 40 Prozent Weltmarkan-teil in seinem Geschäftsbereich der weltweit größte Auftragshersteller von Elektro-nikartikeln. 2008 lag der Umsatz bei 61,8 Milliarden US-Dollar, wovon 55,6 Milliarden US-Dollar auf das Exportgeschäft entfielen. Damit ist das Unternehmen gleichzeitig der größte Exporteur der Volksrepublik China.[189] Abbildung 4 gibt einen Überblick über die Umsatzentwicklung Foxconn´s von 1996 bis 2008:

---

[186] Vgl. Flick (2000): S. 130; vgl. Diekmann (2007): S. 172 f. & S. 540 f.; vgl. Kromrey (2006): S. 537 f.; vgl. Schnell et al. (2011): S. 243 ff. Ein allgemeiner Überblick zur Methodik und zum wissen-schaftlichen Stand der Sekundäranalyse sowie zur kritischen epistemologischen und methodolo-gischen Diskussion siehe bspw. Witzel et al. (2008).
[187] Vgl. Foxconn (2008): online.
[188] Foxconn (2009): online.
[189] Vgl. Schlüter/Wendel (2011): S. 8; vgl. Maier/Rickens (2011): S. 44; vgl. Duhigg/Bradsher (2012): S. 4; vgl. Chan/Pun (2010): online.

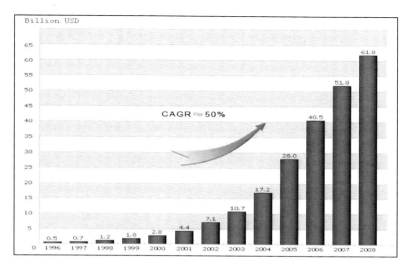

Abbildung 4: Umsatzentwicklung Foxconn´s von 1996 bis 2008[190]

2010 betrug der Umsatz des Unternehmens erstmals mehr als 100 Milliarden US-Dollar, vor allem gestützt vom Verkauf des bei Foxconn produzierten iPhone und Tablet-Computer iPad.[191] Denn zu Foxconns Kunden zählen westliche Firmen wie Apple, Microsoft, Cisco Systems, HP, Dell, IBM, Samsung, Nokia oder Hitachi. Den großen Markenunternehmen wird aber auch aufgrund ihrer Einkaufsmacht großer Einfluss auf die lokalen Arbeitsbedingungen zugesprochen.[192]

Um die Nachfrage seiner Kunden bedienen zu können, hat sich Foxconn über die Jahre eine riesige Belegschaft aufgebaut. Abbildung 5 stellt die Beschäftigungsentwicklung des Unternehmens von 1996 bis 2009 dar:

---

[190] Foxconn (2008): online.
[191] Vgl. Schlüter/Wendel (2011): S. 8; vgl. Chan/Pun (2010): online; vgl. Mayer-Kuckuk (2012): online.
[192] Vgl. Maier/Rickens (2011): S. 44; vgl. Chan/Pun (2010): online.

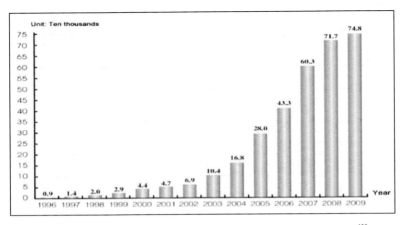

Abbildung 5: Beschäftigungsentwicklung Foxconn´s von 1996 bis 2009[193]

Seit 2011 beträgt die Anzahl der Mitarbeiter weltweit schätzungsweise 1,2 Millionen, knapp eine Million davon sind allein in China beschäftigt, und täglich werden bis zu 2000 neue Mitarbeiter eingestellt. Rund 59 Prozent der Arbeiter sind männlich. Die Belegschaft in China besteht zu 85 Prozent aus Wanderarbeitern; mehr als 450.000 sind in Shenzhen beschäftigt.[194] Der Zugang zu billigen Arbeitskräften, sprich Wanderarbeitern, ist unabdingbar für das Wachstum des Unternehmens.

Foxconn hat mehrere Produktionsstätten in China, vor allem in den Sonderwirtschaftszonen. In der Stadt Shenzhen/Longhua der Provinz Guangdong hat Foxconn zwei riesige Industrieparks - von Foxconn selbst als ‚Campus' bezeichnet. Dort gibt es Fabrikhallen, Schlafgebäude, Banken, Krankenhäuser, Supermärkte, Restaurants, Schwimmbäder, Fußballfelder und vieles mehr. Die Fabrik- und Wohngebäude sind durch Sicherheitsschleusen gesichert, deren Betreten und Verlassen nur mittels einer elektronischen Erkennungskarte erlaubt und möglich ist.[195] Außenstehende nennen den Standort deshalb auch ‚Foxconn City'.[196] In Shenzhen/Longhua ereigneten sich auch die Suizide der 16 chinesischen Wanderarbeiter.

---

[193] Foxconn (2009): online.
[194] Vgl. Schlüter/Wendel (2011): S. 8; vgl. Chan/Pun (2010): online; vgl. Foxconn (2009): online; Vgl. Mayer-Kuckuk (2012): online.
[195] Vgl. Koch (2011): online; vgl. Chan/Pun (2010): online.
[196] Ein Übersichtsplan zum Produktionsstandort von Foxconn in Shenzhen ist in Anhang 2 zu finden.

4.2 Arbeitsbedingungen bei Foxconn

Der Produktionsstandort von Foxconn in Shenzhen, auf dessen Betriebsgelände sich etwa 15 Werkhallen für die Auftrags- bzw. Kontraktfertigung befinden, ist von einer ca. sieben Kilometer langen Mauer umgeben.[197] Die **Organisation des Arbeitsprozesses** wird durch eine integrierte Massenproduktion realisiert, bei der großvolumige und standardisierte Fertigungsprozesse für die zunehmend spezialisierte Kleinserienproduktion vorherrschend sind. Dabei ist die eingesetzte Fließbandproduktion durch eine starke Segmentierung, Fraktionierung und Hierarchisierung der einzelnen Arbeitsschritte geprägt, vor allem im Bereich der Montage. Ansätze gruppenorientierter Arbeitsorganisation sind dagegen kaum zu erkennen, obwohl diese häufig vom Management propagiert werden.[198] Der maschinenartige Produktionsablauf ist durch eine hohe Geschwindigkeit und Präzision gekennzeichnet.[199] Außerdem wird die zu fertigende Stückzahl stetig gesteigert, vor allem wenn eine vorgegebene Quote erreicht wurde.[200] Die Fließbänder laufen jeden Tag 24 Stunden in einem Zweischichtensystem, da Foxconn´s Kunden eine schnellstmögliche Fertigung ihrer Produkte verlangen.[201] Ein Mitarbeiter von Foxconn beschreibt die Produktionsbedingungen wie folgt:

> „Da die Arbeitsabläufe in der Produktion bestimmte Standards vorgeben, müssen die Angestellten immer die gleichen Tätigkeiten wiederholen. Die Tätigkeit ist langweilig. Zwar sei man körperlich nicht erschöpft, aber die ständig wiederholten, monotonen Arbeitsabläufe setzen die Jugendlichen unter hohen psychischen Druck."[202]

Die Unternehmensführung begründet diese Form der Produktion und den hohen Grad der Arbeitsteilung und Arbeitszerlegung durch das niedrige Bildungsniveau der Wanderarbeiter, welche fast ausschließlich an den Fließbändern beschäftigt sind.[203]

---

[197] Vgl. Mayer-Kuckuk (2012): online.
[198] Vgl. Hürtgen et al. (2009): S. 144; vgl. Lüthje (2006): S. 70 f.; vgl. Lüthje (2007): S. 201 ff.; vgl. Lüthje (2008): S. 67 f.; vgl. Lietsch (2010a): online.
[199] Vgl. Chan/Pun (2010): online; vgl. Mayer-Kuckuk (2012): online.
[200] Vgl. Sacom (2010): online.
[201] Vgl. Chan/Pun (2010): Online; vgl. Sacom (2010): online.
[202] o.V. (2010c): online.
[203] Vgl. Hürtgen et al. (2009): S. 218.

Studien und Berichte über die **Arbeitszeit** kommen zu unterschiedlichen Ergebnissen. Einerseits wird konstatiert und Foxconn der Vorwurf gemacht, seine Arbeiter pro Tag zehn bis 14 Stunden ohne Pause an sechs Tagen pro Woche arbeiten zu lassen und unzählige Überstunden ohne Bezahlung zu verlangen. Andererseits wird von täglichen Zwölfstundenschichten mit zweimal einer Stunde Pause und einer 60 Stundenwoche berichtet.[204] Foxconn selbst erklärt, dass die Arbeiter alle zwei Stunden zehn Minuten pausieren dürfen.

Erwiesen ist jedoch, dass die Arbeiter, welche Uniformen im Farbcode ihres jeweiligen Arbeitsbereiches tragen müssen, 15 bis 30 Minuten vor Arbeitsbeginn am Arbeitsplatz zu erscheinen haben; eventuelle Produktionsbesprechungen werden nicht zur Arbeitszeit gezählt. Um die Anwesenheit am Arbeitsplatz sicherzustellen und zu überwachen, werden zu Schichtbeginn Gruppenappelle oder gemeinschaftliche Gymnastik durchgeführt.[205]

Es ist davon auszugehen, dass das vorherrschende **Lohnsystem** auf Stundenlöhnen basiert, da durch bisherige Studien keine mengenbezogenen Löhne festgestellt werden konnten.[206]

Das Grundgehalt der Wanderarbeiter beträgt für eine 40 Stundenwoche 900 Yuan (132 US-Dollar) – das entspricht dem gesetzlichen Mindestlohn dieser Provinz. Die Arbeiter sind dadurch dringend auf Überstunden angewiesen, da der Basislohn kaum zur Deckung der Lebenskosten ausreicht. Außerdem wird in Studien betont, dass Foxconn von seinen Angestellten die Ablegung eines sog. ‚freiwilligen Überstundenversprechens' verlangt, wonach die Arbeiter im Bedarfsfall jene leisten müssen. Bei gerade einmal gesetzlich erlaubten 36 Überstunden wird von einem Durchschnitt von 80 Überstunden ausgegangen, wobei Spitzenwerte von 136 Überstunden pro Monat keine Seltenheit sein sollen. Das Resultat ist, dass bis zu 60 Prozent des Einkommens aus Überstunden und nicht durch das Grundeinkommen finanziert werden.[207]

---

[204] Vgl. Lüthje (2008): S. 71; vgl. Hürtgen et al. (2009): S. 222; vgl. Duhigg/Bradsher (2012): S. 4; vgl. Mayer-Kuckuk (2012): online; vgl. Chan/Pun (2010): online; vgl. Sacom (2010): online.
[205] Vgl. Hürtgen et al.(2009): S. 222; vgl. Sacom (2010): online; vgl. Koch (2011): online; vgl. Chan/Pun (2010): online.
[206] Vgl. Hürtgen et al. (2009): S. 222.
[207] Vgl. Sacom (2010): online; vgl. Chan/Pun (2010): online. Vgl. Koch (2011): online; vgl. Hürtgen et al. (2009): S. 221; vgl. o.V. (2010c): online.

Gleichzeitig herrscht im Lohnsystem eine starke Spreizung der Lohnhierarchien vor, wonach Fach- und Vorarbeiter meist das Drei- bis Fünffache der Montagearbeiter (was fast ausschließlich Wanderarbeiter sind) verdienen.[208]

Zum Grundgehalt hinzu kommen kann zweimal im Jahr ein Bonus für die Erfüllung der Produktionsziele, der allerdings unterschiedlich hoch zwischen den verschiedenen Arbeitsbereichen ausfällt. Meist soll er von der persönlichen Beziehung zum Management abhängen.[209]

Management, Führung und Kontrolle werden in vielen Untersuchungen als militärisch beschrieben. So soll Foxconn auf seinem Firmengelände ca. 1000 Sicherheitsleute beschäftigen, eine Art private Armee, die für die Durchsetzung und Einhaltung der internen Regeln verantwortlich sind. Es wird von Misshandlungen, Bestrafungen, wie bspw. Verhöre, Einzelhaft und Lohnkürzungen, sowie physischem und verbalem Gewalteinsatz berichtet. Betraft werden vor allem die Missachtung von Anweisungen und Regeln, Fehler bei der Arbeit oder das Nichterreichen eines vorgegebenen Produktionsziels.[210]

Solche und ähnliche Maßnahmen sollen auch Vorarbeiter und Aufsichten, meist Angestellte mit städtischem ‚Hukou‘, bei ihrer persönlichen Überwachung und Disziplinierung der (Wander-) Arbeiter ergreifen, um Arbeitstempo und Arbeitsqualität sicherzustellen (oft im militärischen Befehlston). Ein enormer psychischer Druck wird bspw. durch geregelte Zeiten für den Toilettenbesuch oder eines Sprechverbots am Arbeitsplatz erzeugt. Die Arbeiter stehen, ob am Fließband, in ihren Wohngebäuden oder ihrer Freizeit auf dem Firmengelände, unter ständiger Kontrolle – Leibesvisitationen sollen ebenfalls keine Seltenheit sein.[211]

Das Management von Foxconn selbst beschreibt seinen Führungsstil in Anlehnung an die KPCh: so streng wie jene die Volksrepublik führt, werden bei Foxconn die

---

[208] Vgl. Lüthje (2008): S. 68; vgl. Hürgen et al. (2009): S. 221; vgl. Lietsch (2010b): online.
[209] Vgl. Sacom (2010): online.
[210] Vgl. Sacom (2010): online; vgl. Koch (2011): online; vgl. Chan/Pun (2010): online; vgl. Lüthje (2008): S. 73; Meyer (2010): S. 59.
[211] Vgl. Hürtgen et al. (2009): S. 176 & S. 217; vgl. Sawall (2010): online; vgl. Koch (2011): online; vgl. Chan/Pun (2010): online.; vgl. Sacom (2010): online. vgl. Lüthje (2006): S. 71; vgl. Lüthje (2007): S. 206; vgl. o.V. (2010c): online.

Mitarbeiter geführt. Nach Aussagen des Führungspersonals ist es üblich, neue unerfahrene Mitarbeiter und Abweichler zu disziplinieren, um einen reibungslosen Produktionsablauf sicherzustellen. Die Disziplinierung soll aber auch die Führungsetage mit einschließen.[212] Die Rekrutierung neuer (Wander-) Arbeiter, deren Qualifizierung größtenteils ‚on the job' ist, erfolgt mit Slogans wie bspw. ‚Die Marke Foxconn besteht aus dem Fleiß ihrer ArbeiterInnenschaft'.[213]

Im Unternehmen gibt es eine **betriebseigene Gewerkschaft**. Diese wird von den Arbeitern jedoch als wenig glaub- und vertrauenswürdig angesehen, da sie nach Aussagen von Mitarbeitern fast ausschließlich Freizeitaktivitäten organisiert und der Besuch von Gewerkschaftsveranstaltungen den Arbeitern ohnehin nur mit Zustimmung des Managements erlaubt ist. Außerdem wissen die meisten Wanderarbeiter weder was eine Gewerkschaft ist noch welche Funktion diese hat.[214]

Die **Unterkunft** der meisten (Wander-) Arbeiter befindet sich auf dem Betriebsgelände, dem ‚Campus', in firmeneigenen Wohnheimen gegen Bezahlung, welche das Unternehmen gleich bei Auszahlung des Lohnes einbehält. Berichten zufolge leben die Arbeiter auf engstem Raum, teilen sich mit bis zu neun weiteren Arbeitern (oft aus unterschiedlichen Provinzen und Abteilungen) ein Zimmer, größtenteils auch ohne Wasser und Strom. Das Verlassen der Unterkünfte oder des Firmengeländes ist nur mit einer Sondergenehmigung möglich.[215] Die Betriebswohnheime haben feste Zeiten für die Schließung und die Abschaltung der Beleuchtung. Wer sich nicht daran hält, wird bestraft bzw. diszipliniert.

Dagegen dürfen Arbeiter, die schon länger als drei Monate bei Foxconn arbeiten und ausreichend Geld haben, einen Antrag stellen, um außerhalb der firmeneigenen Unterkünfte, bspw. im nächsten Dorf oder der nächsten Stadt, zu wohnen. Arbeiter mit städtischem ‚Hukou' haben von Anfang an freie Wahl ihrer Unterkunft.[216]

---

[212] Vgl. Mayer-Kuckuk (2012): online.
[213] Vgl. Chan/Pun (2010): online; vgl. Hürtgen et al. (2009): S. 227.
[214] Vgl. Sacom (2010): online.
[215] Vgl. Lee (2010): online; vgl. Sacom (2010): online.
[216] Vgl. Sacom (2010): online.

In ihrer **Freizeit** haben die auf dem ‚Campus' lebenden Arbeiter die Möglichkeit, an betriebseigenen Veranstaltungen und Programmen teilzunehmen. Sie können bspw. ins Kino, Café oder Restaurant gehen, Sport treiben oder Einkaufen.[217] Unterkunft und Freizeitgestaltung auf dem Betriebsgelände erfolgt, wie schon erwähnt, unter ständiger Überwachung und Kontrolle.

Die Folge der beschriebenen Arbeitsbedingungen ist permanenter **Widerstand** der Arbeiter. Die häufigsten Formen dabei sind hohe Fluktuation (bis zu 60 Prozent pro Jahr), ständige Arbeitskonflikte (bspw. Streiks, Arbeitsniederlegung oder arbeitsge-richtliche Klagen) bis hin zum Selbstmord. Seit 2008 haben sich 16 Suizide von Wanderarbeitern zugetragen - in der chinesischen Presse auch ‚Selbstmord-Express' genannt.[218] Dennoch liegt die Selbstmordrate bei Foxconn unter dem nationalen Durchschnitt – was das Unternehmen auch nach den Ereignissen betont. Ein Arbei-ter bei Foxconn sieht die Ursache der Selbstmorde im Folgenden:

> „Umgebracht haben sich fast nur studierte Kollegen, die am Fließband arbei-ten mussten, weil sie keinen besseren Job gefunden haben."[219]

Das Unternehmen selbst sieht die Ursachen dagegen in persönlichen Dingen, wie bspw. der Überschuldung oder persönlichen Beziehungsproblemen.[220] Trotzdem hat Foxconn seit 2009, aufgrund der heftigen weltweiten öffentlichen Kritik, die Löhne der Wanderarbeiter sukzessive erhöht. Bei der genauen Angabe gehen die Untersu-chungen auseinander. Einige sprechen von einer Erhöhung von 900 auf 1200 Yuan, andere von einer Erhöhung auf 2054 Yuan (300 US-Dollar). Aber auch insgesamt sind 2010 nach Angaben des statistischen Bundesamts der Volksrepublik China die Löhne landesweit durchschnittlich um 13,3 Prozent gestiegen; in der Region Shenz-hen wurde der Mindestlohn von 900 Yuan auf 1100 Yuan angehoben.[221]

---

[217] Vgl. Lüthje (2008): S. 78 f.
[218] Vgl. Hürtgen et al. (2009): S. 232; vgl. Frost/Burnett (2007): S. 104 f.; vgl. Mayer-Kuckuk (2012): online.
[219] Vgl. Mayer-Kuckuk (2012): online.
[220] Vgl. Sacom (2010): online.
[221] Vgl. Schlüter/Wendel (2011): S. 8; vgl. Mayer-Kuckuk (2012): online; vgl. Sacom (2010): online; Hansen (2011): online; vgl. Lietsch (2010a): online; vgl. o.V. (2010d): online; o.V. (2010e): online.

4.3 Theoriegeleitete Analyse

Begonnen wird die theoriegeleitete Analyse der Arbeitsbedingungen bei Foxconn sowie der organisationalen gesellschaftlichen Umwelt mit **Harry Braverman**.

Der Ausgangspunkt von Braverman, das Transformationsproblem, tritt bei Foxconn deutlich zu Tage. Eine Lösung dieses Problems und demnach die Verwertung des Arbeitsvermögens der Wanderarbeiter in einen maximalen Mehrwert umzusetzen, wird bei Foxconn u.a. durch ein nur dem Mindestlohn entsprechenden Grundgehalts (auch nach den letzten Lohnerhöhungen) und wahrscheinlich unbezahlten Überstunden der Wanderarbeiter sowie durch die stetige Steigerung der zu produzierenden Stückzahl erreicht.

Die Organisation des Arbeitsprozesses bei Foxconn scheint den Prinzipien des ‚Scientific Management' bzw. Taylorismus in großen Teilen zu entsprechen. So ist eine starke Arbeitsteilung ebenso zu finden wie eine hohe Fraktionierung, Spezialisierung und Überwachung des Arbeits- und Produktionsprozesses. Die drei Prinzipien des ‚Scientific Management', welche nach Braverman charakteristisch für eine solche Art der Produktion sind, finden sich bei Foxconn wieder. Demnach ist die ‚Loslösung des Arbeitsprozesses von den Fertigkeiten des Arbeiters' dahin gehend erreicht, dass die Wanderarbeiter meist keinerlei (Fach-) Ausbildung besitzen und somit gar keine Fähig- und Fertigkeiten in den Arbeitsprozess einbringen können. Auf die Realisierung der ‚Trennung von Vorstellung und Ausführung' lässt sich in soweit schließen, da die Arbeiter an den Fließbändern vom Management oder von Vorarbeitern vorgegebene, monotone und repetitive Arbeitsschritte ausüben und folglich keinerlei geistige Arbeit auszuführen haben. Demnach ist auch, wie von Braverman vermutet, keine weitere Wissensaneignung der Arbeiter möglich, was zum Aufbau eines Wissensmonopols des Managements und damit letztlich zur Realisierung des dritten Prinzips, der ‚Verwendung dieses Wissensmonopols' führt. Damit ist das Management in der Lage, Entscheidungen unabhängig von den Arbeitern zu treffen, die Art und Weise der auszuführenden Arbeitsschritte exakt vorzugeben und gleichzeitig eine starke Kontrolle des Arbeits- und Produktionsprozesses zu realisieren.

Der Einfluss der wissenschaftlich-technischen Revolution bzw. der fortschreitenden Entwicklung ist im vorliegenden Fall nur bedingt analysierbar, da keine über mehrere Zeitphasen hinweggehende Betrachtung von Veränderungen in der Art und Weise der Organisation des Arbeits- und Produktionsprozesses stattfand bzw. berücksichtigt wurde. Allerdings kommt der mit ihr in Zusammenhang stehende Einsatz von Maschinerie, welcher die Verwirklichung der theoretischen Prinzipien des ‚Scientific Management' erst ermöglicht, dadurch zum Ausdruck, dass das Fließband als das charakteristische Element dieser Revolution, verbunden mit einem hohen Automations- und Mechanisierungsgrad, bei Foxconn zum Einsatz kommt. Damit ist es dem Unternehmen möglich, die Arbeiter und deren Arbeitsgeschwindigkeit entsprechend tayloristisch-fordistischen Vorstellungen zu kontrollieren, was wiederum zur Verwirklichung der reellen Subsumtion führt, welche für Braverman das entscheidende Merkmal der kapitalistischen Produktion ist.

Die Folge dieser Art der Organisation und Strukturierung des Arbeits- und Produktionsprozesses bei Foxconn ist, wie von Braverman behauptet, eine Dequalifizierung bzw. Degradierung der Arbeiter, speziell der Wanderarbeiter, da jene fast ausschließlich im Bereich der Fließbandproduktion (Montage) beschäftigt sind. Allerdings ist davon auszugehen, dass damit weniger (aufgrund ihrer größtenteils geringen Bildung) die Zerstörung der technischen Fähig- und Fertigkeiten der Wanderarbeiter einhergeht, sondern vielmehr eine Nichtanerkennung und Unterwertung zum Ausdruck kommt. Für ausgebildete oder studierte Wanderarbeiter, wobei diese nur einen marginalen Teil darstellen, drückt sich diese Art der Produktion in der Dequalifizierung ihrer Person bzw. Degradierung ihrer Qualifikation aus. Letztlich scheinen sie sich dadurch, nach Aussagen eines Arbeiters bei Foxconn, sogar ihr Leben durch Selbstmord genommen zu haben.

Als Ergebnis dieses Produktionsmodells bei Foxconn bestätigen sich, gemäß Braverman, in der vorliegenden Untersuchung zwei Folgen für die gesellschaftliche Entwicklung. Einerseits ist eine Polarisierung der Einkommen zwischen Land- und Stadtbevölkerung deutlich zu erkennen und andererseits bilden die Wanderarbeiter in China so etwas wie eine ‚industrielle Reservearmee'. Eine zunehmende Arbeitslosigkeit der Wanderarbeiter ist allerdings bisher nicht, dank des kontinuierlichen Wirtschaftswachstums, auf die fortschreitende technische Rationalisierung und den enormen Lohndruck zurückzuführen, sondern vielmehr auf externe Ereignisse, wie bspw. die Weltwirtschaftskrise seit 2008. Inwieweit Wanderarbeiter im Dienstleistungsbereich von starker Kontrolle und zunehmender Dequalifizierung betroffen sind, müsste eine weitere Untersuchung klären.

Durch eine Analyse der Arbeitsbedingungen bei Foxconn mit dem theoretischen Ansatz von **Richard Edwards**, lässt sich vor allem das Kontrollsystem des Unternehmens und die aktive Rolle der Arbeiter erklären.

Die historische Entwicklung der kapitalistischen Kontrollformen und deren Koexistenz ist bei Foxconn offensichtlich. Die ‚einfache und persönliche Kontrolle‘, wie sie Edwards beschreibt, wird bei Foxconn durch das private Sicherheitspersonal sowie von den Vorarbeitern und Aufsichten praktiziert. Deren Kontrolle drückt sich durch willkürliches, militärisches und autoritäres Handeln und persönliche Macht bzw. Vormachtstellung im Unternehmen aus, was sich in den Misshandlungen, Bestrafungen oder anderem Gewalteinsatz niederschlägt. Von einer daraus folgenden tendenziell hohen Loyalität der Arbeiter gegenüber dem Unternehmen ist, aufgrund der hohen Fluktuationsrate von 60 Prozent und zunehmenden Protesten, nur bedingt auszugehen. Die Verhinderung von Gewerkschaftsmacht scheint dagegen, in Übereinstimmung mit Edwards, erfolgreich – was allerdings auch außerorganisationale Gründe hat. Die ausgeprägte direkte und persönliche Kontrolle scheint, verbunden mit dem starken Hierarchiedenken, ein Resultat der Phase sozialistischer Planwirtschaft zu sein.

Eine ‚technische Kontrolle‘ als strukturelles Überwachungselement ist bei Foxconn insbesondere durch die vorherrschende integrierte und großvolumige Massenfertigung mittels Fließbandtechnologie realisiert. Damit weist die Produktion, wie bereits mit Braverman analysiert, starke Charakteristika einer tayloristisch-fordistischen Arbeitsorganisation auf. Aufgrund dieses Produktionsmodells sind die Arbeitsschritte in einfache, repetitive Tätigkeiten zerlegt, woraus sich auch bei Foxconn der (bei Edwards beschriebene) technologische Sachzwang schlussfolgern lässt, da Arbeitsinhalt, Arbeitstempo und Arbeitsablauf unpersönlich vom Fließband vorgegeben werden. Dass dadurch die aktive Rolle der Arbeiter vom Individuum auf das Kollektiv verlagert wird, ist bei Foxconn allerdings nur teilweise zu beobachten. Als kollektive, offene und gesetzlich legitime Widerstandshandlungen auf Unternehmensebene sind Streiks und Arbeitsniederlegungen anzusehen. Allerdings ist ein Großteil der Widerstandsaktivitäten der Arbeiter, bspw. durch Fluktuation oder Suizid, auf individueller Basis. Denn auch wenn mehrere Arbeiter Selbstmord begangen haben, so ist nicht davon auszugehen, dass dies in gemeinschaftlicher Absicht getan wurde. Verdeckter Widerstand bei Foxconn konnte in der vorliegenden Untersuchung nicht identifiziert werden. Die ‚technische Kontrolle' führt allerdings nicht, wie von Edwards behauptet, zur Bildung einer Gewerkschaft; dies ist darauf zurückzuführen, dass Foxconn bereits eine betriebseigene Gewerkschaft hat, deren Image bei den Arbeitern sehr schlecht ist. Außerdem ist den Wanderarbeitern aufgrund ihres ‚Hukou' auf gesetzlicher Basis die gewerkschaftliche Vertretung verwehrt und durch ihr geringes Bildungsniveau ist davon auszugehen, dass die wenigsten wissen, welche Funktion und Aufgabe eine Gewerkschaft im Interesse des Arbeiters bzw. der Arbeiter hat.

Am schwächsten ausgeprägt scheint in der vorliegenden Untersuchung die ‚bürokratische Kontrolle' bei Foxconn zu sein. Auf eine solche Form der Kontrolle kann nur bedingt geschlossen werden, bspw. in den vorherrschenden Belohnungs- und Beförderungssystemen. Um die gewünschte Arbeitsleistung der Arbeiter zu erhalten, was für Edwards das Ziel der Kontrolle ist, wird als starker systematischer Anreiz bis zu zwei Mal im Jahr ein Bonus verteilt. Gleichzeitig wird damit versucht, eine Vorhersehbarkeit, Zuverlässigkeit und Regelkonformität des Arbeitsverhaltens zu erreichen und die Arbeiter im Sinne der Unternehmenswerte und Unternehmensziele zu sozialisieren. Außerdem wird von einer hohen Lohnspreizung entlang der Unternehmenshierarchie berichtet, was gemäß der ‚bürokratischen Kontrolle' Anreize liefert, durch gutes Arbeitsverhalten und gute Arbeitsleistung aufzusteigen.

Von einer Spaltung der Arbeiterklasse als Folge der Kontrollsysteme ist auszugehen, allerdings wird diese nur bedingt durch die organisationsinterne Kontrolle erreicht, sondern vielmehr durch das ‚Hukou-System' vorbestimmt. Ebenso ist auf dieses System eine Segmentierung des Arbeitsmarktes zurückzuführen, wonach Arbeiter mit ländlichem ‚Hukou' ein anderes Arbeitsangebot vorfinden und andere Arbeitsperspektiven haben, als Chinesen aus der Stadt. Das heißt, es erfolgt keine Diskriminierung nach Rasse oder Geschlecht, sondern nach Herkunft, welche für die lokale Dualität des Arbeitsmarktes prägend ist. Entgegen Edwards Behauptung ist eine zunehmende politische Dominanz der Arbeiterklasse, speziell der Wanderarbeiter, in der Volksrepublik China durch die autokratische Einparteienherrschaft der KPCh bislang ausgeblieben.

Mit Hilfe des Ansatzes von **Stewart Clegg** soll, neben den Arbeitsbedingungen, vor allem der gesellschaftliche bzw. staatliche Kontext der organisationalen Kontrolle der chinesischen Wanderarbeiter im Mittelpunkt stehen.

Eine wichtige Rolle spielen in der Volksrepublik China die staatlichen Regeln. Den wohl größten Einfluss auf die organisationale Kontrolle der Wanderarbeiter übt der Staat durch das Haushaltsregistrierungssystem ‚Hukou' aus. Mittels diesem System teilt er die Bevölkerung in Stadt und Land und kontrolliert bzw. bestimmt deren Berufs- und Privatleben. Darüber hinaus ist der Staat dadurch in der Lage, die Wanderarbeiter in spezifische Wirtschaftssektoren und Jobs zu kanalisieren; in jene Sektoren, wo billige Arbeitskräfte fehlen und in Jobs, die wahrscheinlich kein Städter aufgrund der Arbeitsbedingungen annehmen würde. Der Staat spielt demnach eine zentrale Rolle in der Zulassung und Beschränkung der Migration von Wanderarbeitern.

> „By maintaining an institutional and social order in which peasants are inferoir to urbanities, and by permitting rural-urban migration without granting urban hukou to peasant migrants, the state has created a migrant labor regime that enables labor-intensive industrialization and urban development at low cost."[222]

Bei Foxconn kann davon ausgegangen werden, dass es sich aufgrund seiner Größe und seines hohen Beschäftigungsstandes im Ziel politischer Interessen befindet und damit auch für das Unternehmen die Notwendigkeit der Kooptation besteht. Deutlich wird dies u.a. durch die staatliche Subvention von Erweiterungsinvestitionen des Unternehmens im (infrastrukturtechnisch) unterentwickelten Westen und Norden des Landes.[223] Für Foxconn macht dies ein kostengünstiges Wachstum und den Zugang zu weiteren billigen ländlichen Arbeitskräften (Landarbeitern) möglich. Als politisches Ziel lässt sich vor allem die Schaffung weiterer Arbeitsplätze ableiten bzw. vermuten,

---

[222] Fan (2004): S. 287.
[223] Vgl. Hürtgen et al. (2009): S. 148; vgl. Mayer-Kuckuk (2012): online.

was gerade in der aktuellen Wirtschaftsphase für die KPCh zur Sicherung und Stabilisierung ihrer Führung wichtig ist.

Das ‚Hukou-System', als eine Art institutionalisierte Diskriminierung der Wanderarbeiter, führt auch zu einer, wie schon oben bei Edwards beschriebenen, Segmentierung des Arbeitsmarktes, welche wiederum im Sinne Cleggs als außerorganisatorische Regulation begriffen werden kann. Die dadurch praktizierte außerorganisatorische Kontrolle führt zu den von Clegg beschriebenen niedrig bezahlten Arbeiten gering qualifizierter Arbeiter, während Arbeiter mit städtischem ‚Hukou' deutlich besser ausgebildet sind und höher vergütet werden. Die Arbeits- und auch Lebensbedingungen erfahren dadurch ebenfalls deutliche Unterschiede zwischen den beiden Arbeitsmarktsegmenten.

Eng in Zusammenhang mit der außerorganisatorischen Regulation stehen die technischen Regeln der Kontrolle. Die Art und Weise der dadurch ausgeübten Kontrolle mittels produktionstechnischer Ansätze des ‚Scientific Management' wurde schon bei Braverman diskutiert und entspricht weitgehend Edwards ‚technischer Kontrolle'. Eine Beziehung zu den außerorganisatorischen Regeln ergibt sich aus dem vorherrschenden tayloristischen Produktionsmodell und der daraus resultierenden Arbeitsgestaltung (job design). Die repetitiven und monotonen Arbeitsschritte stehen wiederum in Einklang mit der Segmentierung des Arbeitsmarktes und der geringen Bezahlung, da für diese Art von Tätigkeiten gering qualifizierte Arbeiter ausreichen. Gleichzeitig besteht Grund zur Annahme, dass sich die vorherrschende Produktionstechnologie und Arbeitsmarktsegmentierung gegenseitig bedingen und verstärken. Als Folge daraus lässt sich die schon bei Braverman beschriebene Dequalifizierung und Degradierung bzw. der Verlust der Fähig- und Fertigkeiten der Arbeiter ableiten.

Entgegen Cleggs Behauptung, dass von sozial-regulativen Regeln ausschließlich das untere und mittlere Management betroffen ist, lassen sich für die chinesischen Wanderarbeiter bei Foxconn Anzeichen einer solchen regulatorischen Kontrolle ableiten bzw. erkennen. Als Hauptmechanismen zur Herstellung der sozialen Integration, Solidarität und Loyalität im Unternehmen sind bei Foxconn die strenge Disziplinierung der Arbeiter (inkl. Strafen), die Unterbringung der Arbeiter auf dem Betriebsgelände und deren gemeinsame Freizeitgestaltung zu sehen, mit denen die Arbeiter an die unternehmerischen Vorstellungen und Werte angepasst, die sozialen Beziehungen stabilisiert und die Arbeiter untereinander gleichgeschaltet werden sollen. Damit hat Foxconn ein enormes, weit über den Arbeits- und Produktionsprozess hinaus gehendes strategisches Kontrollpotenzial über die (Wander-) Arbeiter. Ähnliches wurde schon in einer Studie zu den Arbeits- und Lebensbedingungen bei Foxconn festgestellt:

> „The managers of these companies appear to have exceptional control over the workforce. Within a dormitory labour regime, working days are extended to suit production needs, resulting in a flexible utilization and prolongation of labour time and a greater breadth of control into the working and non-working day of workers."[224]

Allerdings sind bei Foxconn im sozial-regulativen Kontrollbereich keine Anzeichen einer Humanisierung der Arbeit oder ein Verständnis der Wanderarbeiter als ‚Human Resources' zu erkennen.

Auf die beschriebenen Regeln wirkt der Staat mittels der ‚state feedback function' vor allem durch die Arbeitsmarkt- und Sozialgesetzgebung ein, welche wiederum durch die Unternehmen beeinflusst zu werden scheint. Neben dem spezifischen Beispiel Foxconn (Investitionssubventionierung) ist bspw. allgemein die Arbeitsgesetzgebung derart gestaltet, dass freie Gewerkschaften gesetzlich nicht erlaubt sind, da diese einerseits das Organisationsmonopol der KPCh in Frage stellen und andererseits die Arbeiter mächtiger und bedrohlicher für die Unternehmen machen könnten. Außerdem gibt es, wie in den Grundlagen beschrieben, bestimmte erlassene Arbeitsgesetze, die von den Unternehmen nicht eingehalten werden und die lokalen Behörden dieses Verhalten zum eigenen Vorteil dulden.

Reproduktionsregeln und strategische Regeln der organisationalen Kontrolle konnten am Beispiel des Unternehmens Foxconn nicht identifiziert werden.

---

[224] Chan/Pun (2009): S. 291.

5 Schluss

Ziel dieser Untersuchung war es, die organisationale Kontrolle der chinesischen Wanderarbeiter am Beispiel des Unternehmens Foxconn sowie deren außerorganisationale Kontrolle zu analysieren. Im folgenden Schlusskapitel werden die Ergebnisse der theoriegeleiteten Analyse aufgezeigt und zusammengefasst. Anschließend wird vor dem Hintergrund der Ergebnisse eine kritische Reflexion der Untersuchung vorgenommen sowie ein Ausblick gegeben.

5.1 Ergebnisse

Im vorliegenden Buch wurde die organisationale Kontrolle chinesischer Wanderarbeiter beim Unternehmen Foxconn mittels der neomarxistischen Arbeitsprozesstheorie von Harry Braverman und Richard Edwards sowie mit dem Ansatz Steward R. Cleggs untersucht. Es konnte gezeigt werden, dass Überwachungselemente im Produktions- und Arbeitsprozess sowie im gesellschaftlichen bzw. staatlichen Umfeld die organisationale und außerorganisationale Kontrolle prägen und beeinflussen.

Hervorzuheben sind der Einsatz eines tayloristischen, hoch automatisierten und mechanisierten Produktionsmodells, die damit verbundene Kontrolle der Arbeiter durch die Trennung des Arbeitsprozesses von deren Fähig- und Fertigkeiten und ausschließliche Ausübung ausführender Tätigkeiten sowie die auf diese Weise einhergehende Dequalifizierung bzw. Degradierung der Arbeiter. Weiterhin konnten neben der technischen Kontrolle bzw. den technischen Regeln ebenso einfache und persönliche Kontrollelemente identifiziert, die aktive Rolle der Arbeiter in Form von Widerständen beleuchtet und hervorgehoben sowie Ansätze bürokratischer Kontrolle bzw. sozial-regulativer Regeln vermutet werden. Besondere Kontrolle der Wanderarbeiter wird durch den Staat mittels des Haushaltsregistrierungssystems ‚Hukou' und seiner Arbeits- und Sozialgesetzgebung ausgeübt, womit er gleichzeitig die organisationale Kontrolle auf Unternehmensebene beeinflusst. Letztendlich konnte eine außerorganisationale bzw. gesellschaftspolitische Kontrollregulation in Form einer Segmentierung des Arbeitsmarktes und Spaltung der Arbeiterklasse sowie eine enge Interessenverflechtung zwischen Staat und Wirtschaft nachgewiesen werden.

Abschließend ist damit festzuhalten, dass die vorliegende Untersuchung einen Beitrag zur Forschung über die organisationale Kontrolle chinesischer Wanderarbeiter leistet und einen Teil des Forschungsdefizits schließt.

5.2 Kritische Reflexion

Im Folgenden sollen die Art und Weise der Darstellung der Arbeitsbedingungen der chinesischen Wanderarbeiter bei Foxconn und die analytischen Einschränkungen durch die Auswahl der verwendeten Theorien kritisch betrachtet werden.

Bei der **Darstellung der Arbeitsbedingungen** ist zunächst methodisch die Sekundäranalyse kritisch zu sehen, da mit dem Rückgriff auf bereits vorhandenes Datenmaterial, dessen Validität und Qualität, welche zum Teil nur sehr schwer zu überprüfen ist, wiederum die Güte der Darstellung und Analyse in der vorliegenden Untersuchung begrenzt bzw. prädeterminiert. Weiterhin ist einzuschränken, dass bei der Auswahl des Datenmaterials die potenzielle Gefahr der Selektivität und Subjektivität gegeben ist. Einerseits ist die Beschreibung selektiv, weil nur das Unternehmen Foxconn betrachtet wird und daher kein all umfassender Blick gegeben ist. Andererseits ist die Darstellung subjektiv geprägt, was die Gefahr beinhaltet, nur Sachverhalte gezielt für die verwendeten Theorien herauszugreifen und auszuführen. Diesem Kritikpunkt wurde durch eine möglichst breite Darstellung der Arbeitsbedingungen zu begegnen versucht, indem auch andere Theorien der Organisationsforschung Anwendung finden können.

Im Folgenden werden die **verwendeten Theorien** kritisch reflektiert. An Braverman´s Argumentation kritisch zu beurteilen ist, dass seine Ansichten lückenhaft sind, argumentative Verkürzungen enthalten und der Kontrollbegriff sehr eng gefasst ist, was eine umfassende und adäquate Erfassung des Arbeits- und Produktionsprozesses mit Problemen behaftet und Veränderungen in diesem Prozess nicht ausreichend erklärt.[225] So schließt Braverman den subjektiven Charakter und Widerstand der Arbeiter ebenso aus wie die Möglichkeit deren freiwilliger Unterwerfung. Weitere in der Literatur zu findende Kritikpunkte sind bspw. die Ausblendung genderspezifischer Aspekte, das Management als rational agierendes Subjekt, die Linearität des

---

[225] Vgl. Littler (1987): S. 30; vgl. Burch (2000): S. 188 f.

Kontrollprozesses und die Gleichsetzung von Managementstrategie und ‚Scientific Management'.[226] Bei Edwards Analytik wird ebenfalls die idealisierte lineare Abfolge der dominanten Kontrolltypologie kritisiert. Weiterhin sind der für seine Analyse schlichte konzeptionelle Hintergrund, welcher nur eine begrenzte Anzahl von Fallstudien umfasst und die Unterlassung einer Untersuchung der informellen Organisation kritisiert worden.[227] An Clegg´s und Dunkerley´s Ansatz ist kritisch zu beurteilen, dass sie von einem deterministisch-reproduzierenden Herrschaftsverständnis ausgehen, gleichwohl jedoch die Ausübung von Kontrolle oder Widerstand bewusste Handlungen voraussetzt. Weiterhin ignorieren sie in den Makro- und Mikroebenen der organisationalen Kontrolle psychologische Aspekte der Akteure.[228] Darüber hinaus ist bei allen drei Ansätzen kritisch zu sehen, dass deren Ausführungen und Dimensionen sich auf eine bestimmte, frühere Phase der kapitalistischen Entwicklung, hauptsächlich in den Vereinigten Staaten, beziehen. Das deren heutige Anwendung und Übertragung auf weitere Länder, vor allem auf solche mit einem anderen politischen und wirtschaftlichen System, daher nicht unproblematisch ist, hat sich in der theoriegeleiteten Analyse gezeigt. Einerseits konnten einige Sachverhalte mit den theoretischen Ansätzen nicht erklärt werden (u.a. strategische Regeln und Reproduktionsregeln) und andererseits standen bestimmte Auswirkungen der organisationalen Kontrolle (bspw. die Gewerkschaftsbildung und zunehmende politische Dominanz der Arbeiterklasse) im Gegensatz zur Argumentation der drei Vertreter. Eine Aktualisierung oder Modifikation dieser Ansätze ist daher anzuregen.

5.3 Ausblick

Aus den Ergebnissen und der kritischen Reflexion der Untersuchung lassen sich einige Empfehlungen für zukünftige Untersuchungen sowie für die Volksrepublik China und deren Umgang mit den Wanderarbeitern ableiten.

Die kritische Reflexion lässt auf einige **Empfehlungen für zukünftige Untersuchungen** schließen. Die Untersuchung hat gezeigt, dass die Rekonstruktion der Arbeitsbedingungen sowie die verwendeten Theorien keine all umfassende Analyse

---

[226] Vgl. Hartz (2009): S. 220 ff. ; vgl. Maier (1991): S. 28 f.; vgl. Friedman (1977): S. 80. Für eine umfassende Übersicht zur kritischen Diskussion zu Braverman siehe auch die angegebene Literatur bei Hartz (2009), S. 222.
[227] Vgl. Hartz (2009): S. 230; vgl. Littler (1987): S. 40 f.
[228] Vgl. Mitchell (1981): S. 466.

und Darstellung der organisationalen Kontrolle der chinesischen Wanderarbeiter gewährleisten, sondern lediglich einen Ausschnitt. Daher ist eine umfangreichere Analyse der organisationalen Kontrolle des Arbeits- und Produktionsprozesses mittels einer möglichst eigens durchgeführten qualitativen Primärdatenerhebung zu empfehlen, bei dem die technische Arbeitsteilung und Arbeitsgestaltung, die Kontrollstruktur und die Beschäftigungsverhältnisse berücksichtigt werden. Weiterhin ist es empfehlenswert, weitere (organisations-) theoretische Ansätze heranzuziehen sowie auch andere Unternehmen und Branchen mit einem hohen Beschäftigungsanteil von Wanderarbeitern zu untersuchen. Zur theoretischen Analyse bieten sich ergänzend andere Ansätze der organisationalen Kontrolle, wie bspw. die Arbeiten von Michael Burawoy oder von Vertretern der poststrukturalistischen Arbeitsprozesstheorie, ebenso an wie u.a. die Mikropolitik oder Ressourcenabhängigkeitstheorie als weitere Theorien der Organisationsforschung.[229] Außerdem erscheint auch eine Betrachtung und Analyse unter Berücksichtigung der industriellen Beziehungen Chinas allgemein sowie speziell die der Wanderarbeiter empfehlenswert, um vor allem die Verflechtungen zwischen Staat und Wirtschaft besser analysieren und verstehen zu können.[230]

Aus den Ergebnissen der Untersuchung sowie vor dem Hintergrund einer überalternden Gesellschaft und schrumpfenden Erwerbsbevölkerung, der zunehmenden Binnenmigration in die östlichen Küstenprovinzen, welche immer mehr an die Grenze ihrer Leistungsfähigkeit stoßen, und der steigenden Protestbereitschaft der Wanderarbeiter für höhere Löhne, bessere Arbeitsbedingungen und Arbeits- und Sozialrechte lassen sich einige **Empfehlungen für die Volksrepublik China für deren Umgang mit den Wanderbeitern** schlussfolgern. Die chinesische Führung sollte die prekären Arbeitsbedingungen der Wanderarbeiter verbessern und ihre staatsbürgerlichen Rechte stärken, indem ihnen der Zugang zu einer demokratischen Gewerkschaft und zum sozialen Absicherungssystem erlaubt, Partizipationsmöglichkeiten auf Managementebene ermöglicht und die Aufklärung über ihre Rechte bekräftigt werden.[231] Das Problem dabei könnte allerdings Folgendes sein:

---

[229] Einen guten Überblick dazu gibt bspw. Weik (2003), Lang/Alt (2003), Hartz (2009), Knights/Willmott (1990) sowie Matys (2006).
[230] Als Einführung und Überblick siehe dazu bspw. Taylor (2002) und (2003a).
[231] Vgl. Chan/Pun (2010): online.

„To give migrants the same housing and other benefits as urban 'hukou' holders, and to built a proper social-net will be expensive. And if more tax is the solution, then the middle class could well begin demanding a greater political say."[232]

Genau das wäre der Fall, den die politische Führung vermeiden möchte, denn das Machtmonopol der KPCh soll möglichst unangefochten bleiben. Außerdem könnten flächendeckende Mindestlöhne, das Verbot von kurzfristigen Arbeitsverträgen sowie die soziale Absicherung der Wanderarbeiter durch die Unternehmen Chinas weltweiten Wettbewerbsvorteil der niedrigen Lohnstückkosten zunichte machen.[233]

Weiterhin könnte durch eine Abschaffung oder zumindest Lockerung des Haushaltsregistrierungssystems ‚Hukou' und entsprechende Anreize für Wanderarbeiter in den Städten zu bleiben, die Zweiteilung der Gesellschaft abgeschafft und die Problematik des dualen Arbeitsmarktes beseitigt sowie durch eine gleichzeitige Entwicklung der ländlichen Gebiete (wie bspw. bereits mit der ‚Go-West-Politik' angefangen) die Urbanisierung bzw. Binnenmigration in die östlichen Küstenprovinzen abgefedert werden.[234]

Eine zunehmend besser ausgebildete, bezahlte und rechtlich geschützte (Wander-) Arbeiterschaft sowie eine sozial und ökonomisch ausgewogenere Entwicklung zwischen Stadt und Land sowie Politik, Wirtschaft und Gesellschaft könnte nicht nur die Arbeits- und Lebensbedingungen der Wanderarbeiter verbessern, sondern würde auch sehr wahrscheinlich die Art und Weise ihrer (außer-) organisationalen Kontrolle im Land positiv verändern.

---

[232] Economist (2011b): online.
[233] Vgl. Ye (2009): S. 130; vgl. Watson (2009): S. 87.
[234] Vgl. Watson (2009): S. 87; vgl. Ye (2009): S. 130; vgl. Economist (2011a), (2011c) und (2012): online; vgl. Arrighi (2007): S. 481.

Anhang

Anhang 1:

Tabelle 3 stellt nachfolgend die charakteristischen gesellschaftlichen und organisationalen Merkmale des ‚Industrialismus' und ‚Postindustrialismus' zusammenfassend dar:

Tabelle 3: Dimensionen von ‚Industrialismus' und ‚Postindustrialismus'[235]

Dimension	‚Industrialismus'	‚Postindustrialismus'
Umwelt	• Nationalstaatliche Regulation • Massenmarketing • Standardisierung • Wohlfahrtsstaat	• Globaler Wettbewerb • Verflüssigung der Kapitalströme • Dezentralisierung der Produktion • Kundenorientierung • Pluralismus, Diversität, ‚Lokalismus'
Technologie	• Taylorismus / Fordismus • Routinisierung • Güterproduktion	• Flexible Produktion • IT-Einsatz • Just-In-Time • Zunahme der Innovationsgeschwindigkeit • Service- und Wissensproduktion
Sozialstruktur	• Bürokratisch • Hierarchie und Spezialisierung • Vertikale und horizontale Integration • Fokus auf Kontrolle	• Neue organisationale Formen (z. B. Netzwerke, strategische Allianzen, virtuelle Organisationen) • Flache Hierarchien und Outsourcing • Lose Kopplung zwischen Organisationseinheiten • Informelle Mechanismen der Einflussnahme (Partizipation, Kultur, Kommunikation)

Die Fortsetzung der Tabelle folgt auf der nächsten Seite.

---

[235] Eigene Darstellung in Anlehnung an Hartz (2009): S. 242.

Fortsetzung:

Dimension	‚Industrialismus'	‚Postindustrialismus'
Kultur	• Betonung von Stabilität, Tradition, Gebräuchen • Wachstum, Effizienz, Standardisierung und Kontrolle als organisationale ‚Werte'	• Betonung von Unsicherheit, Paradoxien und Moden • Qualität, Kundenorientierung, Diversität und Innovation als organisationale ‚Werte'
‚Physische' Struktur *(Raum-Zeit)*	• Konzentration der Bevölkerung in (Industrie-) Städten • Lokale, nationale Orientierung • Lineares Zeitverständnis	• Stärkere Dispersion der Bevölkerung • ‚Schrumpfung' von Zeit-Raumdistanzen befördert globale Orientierung • Simultanes Zeitverständnis
Natur der Arbeit	• Routine • Deskilling • Funktionale Aufgabenspezialisierung	• ‚frenetisch', komplex • Wissensbasiert • Multifunktionale Teamarbeit • Betonung des Lernens • Verstärkte Ausgliederung, Sub-Kontrahierung, Selbstständigkeit, Telearbeit

Anhang 2:

Abbildung 6 zeigt eine Übersicht des Produktionsstandorts von Foxconn in Shenzhen:

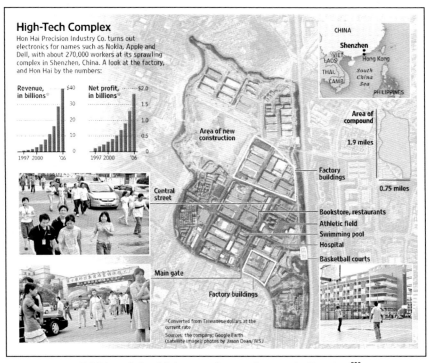

Abbildung 6: Produktionsstandort von Foxconn in Shenzhen[236]

---

[236] Dean (2007): online.

Literaturverzeichnis

Aaronson, S. (2010): How China's Employment Problems Became Trade Problems; in: Global Economy Journal; Vol. 10; No. 3; Article 2; S. 1-30.

Ackroyd, S. (2009): Labor Process Theory as 'Normal Science'; in: Employee Responsibility and Rights Journal; Vol. 21; No. 3; S. 263-272.

Adler, P. S. (2006): From Labor Process To Activity Theory; in: Sawchuk, P. H. / Duarte, N. / Elhammoumi, M. (Hrsg.); Critical Perspectives on Activity - Explorations across Education, Work, and Everyday Life; Cambridge University Press, Cambridge; S. 160-192.

Adler, P. S. (2007): The Future of Critical Management Studies – A Paleo-Marxist Critique of Labour Process Theory; in: Organization Studies; Vol. 28; No. 9; S. 131-1345.

Ali, M. A. (2005): Globalization and Industrial Relations of China, India, and South Korea – An Argument for Divergence; in: Seminar Paper of Schmidt Labor Research Center; University of Rhode Island; online: http://www.uri.edu/research/lrc/research/papers/Ali_Globalization.pdf (abgerufen am 24.04.2011).

Alpermann, B. (2006): Chinas Problem bei der wirtschaftlichen Modernisierung; in: Orientierungen zur Wirtschafts- und Gesellschaftspolitik; Nr. 107; S. 56-61.

Anti, M. (2009): China's Million of Jobless Migrants; in: World Policy Journal (MIT Press); Vol. 26; No. 1; S. 27-32.

Armandi, B. R. (1981): Book Review – Organization, Class and Control; in: Social Science Quarterly; Vol. 62; No. 2; S. 391.

Arrighi, G. (2007): Adam Smith in Beijing – Die Genealogie des 21. Jahrhunderts; VSA Verlag; Hamburg.

Auswärtiges Amt (2011): Länderdaten zur Volksrepublik China; online: http://www.auswaertiges-amt.de/DE/Aussenpolitik/Laender/Laenderinfos/01-Laender/China.html (abgerufen am 16.06.2011).

Becker, H. / Staub, N. (2008): Drachenflug – Wirtschaftswunder China quo vadis?; Springer Verlag; Berlin / Heidelberg.

Berg, N. / Holtbrügge, D. (2002): Gute Geschäfte mit schlechtem Gewissen? – Ökonomische, politische und ethische Aspekte der Tätigkeit deutscher Unternehmungen in der VR China; in: Zeitschrift für Wirtschafts- und Unternehmensethik; Jg. 3; Nr. 1; S. 35-54.

Borke, J. / Büschemann, K.-H. / Käppner, J. (2011): Der große Sprung – China überholt Japan und ist nun nach den USA zweitgrößte Volkswirtschaft der Welt; in: Süddeutsche Zeitung; Nr. 37; 15. Februar 2011; S. 17.

Botschaft der Bundesrepublik Deutschland in Peking (2011): Wirtschaftsdaten kompakt; online: http://www.peking.diplo.de/contentblob/1574184/Daten/1271532/widaten_kompakt_d ownload.pdf (abgerufen am 15.06.2011).

Braun, A. J. (2011): Das Ende der billigen Arbeit in China – Arbeitsrechte, Sozialschutz und Unternehmensförderung für informell Beschäftigte; VS Verlag für Sozialwissenschaften; Wiesbaden.

Braverman, H. (1985): Die Arbeit im modernen Produktionsprozess; 2. Auflage; Campus Verlag; Frankfurt am Main/New York.

Bruch, M. (2000): Betriebliche Organisationsform und gesellschaftliche Regulation – Zum Problem des Verhältnisses von Organisation und Gesellschaft in politökonomisch orientierten Ansätzen; in: Ortmann, G. / Sydow, J. / Türk, K. (Hrsg.); Theorien der Organisation – Die Rückkehr der Gesellschaft; 2., durchgesehene Auflage; Westdeutscher Verlag; Wiesbaden; S. 181-210.

Burawoy, M. (1982): Manufacturing Consent – Changes in the Labour Process under Monopoly Capitalism; University of Chicago Press; Chicago.

Burawoy, M. (1985): The Politics of Production – Factory Regimes under Capitalism and Socialism; Verso Verlag; London.

Burawoy, M. (2008): The Public Turn – From Labor Process to Labor Management; in: Work and Occupations; Vol. 35; No. 4; S. 371-387.

Cai, F. / Du, Y. / Mei, Y. (2009): Human Development Research Paper 2009/09 – Migration and Labour Mobility in China; Research Paper vom United Nations Development Programme (UNDP); online: http://hdr.undp.org/en/reports/global/hdr2009/papers/HDRP_2009_09.pdf (abgerufen am 21.06.2011).

Chan, A. (2006): Arbeitsbeziehungen in China – zwischen organisiertem und neoliberalen Kapitalismus; in: Das Argument (Sonderheft) – China in Bewegung; Jg. 48; Heft 5/6; S. 92-97.

Chan, C. K. (2008): Neue Muster von ArbeiterInnenprotest in Südchina; in: Periphe-rie – Zeitschrift für Politik und Ökonomie in der dritten Welt; Jg. 28; Nr. 111; Verlag Westfälisches Dampfboot; Münster; S. 301-327.

Chan, C. K. / Pun, N. (2009): The Making of a New Working Class? – A Study of Collective Actions of Migrant Workers in South China; in: The China Quarterly; No. 198; S. 287-303.

Chan, J. / Pun, N. (2010): Suicide as Protest for the New Generation of Chinese Migrant Workers - Foxconn, Global Capital, and the State; in Asia-Pacific Journal; online: http://www.japanfocus.org/-Jenny-Chan/3408 (abgerufen am 26.04.2011).

Chan, K. W. (2010a): The Global Financial Crisis and Migrant Workers in China – There is No Future as a Labourer, Returning to the Village has No Meaning; in: International Journal of Urban and Regional Research; Vol. 34; No. 3; S. 659-677.

Chan, K. W. (2010b): The Household Registration System and Migrant Labor in China – Notes on a Debate; in: Population and Development Review; Vol. 36; No. 2; S. 357-364.

Chan, K. W. / Buckingham, W. (2008): Is China Abolishing the Hukou System?; in: The China Quarterly; Vol. 195; No. 6; S. 582-606.

Chen, S. (2009): Aging with Chinese Characteristics - A Public Policy Perspective; in: Ageing International; No. 34; S. 172-188.

China Labour Bulletin (2009): Going it Alone – The Workers Movement in China 2007-2008; Research Paper; online: http://www.ncbi.nlm.nih.gov/pubmed/20954525 (abgerufen am 21.06.2011).

Clegg, S. R. (1981): Organization and Control; in: Administrative Science Quarterly; Vol. 26; No. 4; S. 545-562.

Clegg, S. R. (1989): Frameworks of Power; Sage Press; London.

Clegg, S. R. (2000): Theories of Power; in: Culture and Society; Vol. 17; No. 6; S. 139-147.

Clegg, S. R. / Dunkerley, D. (1980): Organization, Class and Control; Routledge & Gegan Paul Verlag; London.

Crozier, M. / Friedberg, E. (1993): Die Zwänge kollektiven Handelns – Über Macht und Organisation; Beltz Verlag; Weinheim.

Dankbaar, B. (2002): Dreißig Jahre Politische Ökonomie der Arbeit – Oder wie Harry Braverman doch Recht bekam; in: Leviathan; Vol. 34; No. 2; S. 242-269.

Dean, J. (2007): The Forbidden City of Terry Guo; in: Wall Street Journal; online: http://online.wsj.com/article/SB118677584137994489.html (abgerufen am 12.01.2012).

de Haan, A. (2010): The Financial Crisis and China´s Harmonious Society; in: Journal of Current Chinese Affairs; Vol. 39; No. 3; S: 69-99.

Deutsche Bundesbank (2011): Monatsbericht Mai; Jahrgang 63; Nr. 5; Frankfurt am Main.

Deutschmann, C. (2002): Postindustrielle Industriesoziologie – Theoretische Grundlagen, Arbeitsverhältnisse und soziale Indentitäten; Juventa Verlag; Weinheim / München.

Diekmann, A. (2007): Empirische Sozialforschung – Grundlagen, Methoden, Anwendungen; 4. Auflage; Rowohlt Taschenbuch Verlag; Reinbek.

Du, Y. / Gregory, R. / Meng, X. (2006): The impact of the guest-worker system on poverty and the well-being of migrant workers in urban China; in: Gaunaut, R. / Song, L. (Hrsg.); The Turning Point in China´s Economic Development; Asia Pacific Press, Canberra; S. 172-202.

Duhigg, C. / Bradsher, K. (2012): Where the iPohne Work Went – Using a Global Network to Make Products; in: The New York Times; Beilage der Süddeutschen Zeitung; 30. Januar; S. 1-4.

Economist (2011a): Demography – Getting on; in: The Economist; online: http://www.economist.com/node/18832070 (abgerufen am 05.07.2011).

Economist (2011b): China´s future – Rising power, anxious state; in: The Economist; online: http://www.economist.com/node/18866989 (abgerufen am 05.07.2011).

Economist (2011c): Urbanisation – Where do you live?; in: The Economist; online: http://www.economist.com/node/18832092/print (abgerufen am 22.11.2011).

Economist (2012): Unrest in China – A dangerous year; in: The Economist; online: http://www.economist.com/node/21543477 (abgerufen am 30.01.2012).

Edwards, R. (1981): Herrschaft im modernen Produktionsprozeß; Campus Verlag; Frankfurt am Main/New York.

Fan; C. C. (1999): Migration in a Socialist Transitional Economy – Heterogenity, Socioeconomic and Spatial Characteristics of Migrants in China and Guangdong Province; in: International Migration Review; Vol. 33; No. 4; S. 954-987.

Fan, C. C. (2002): The Elite, the Natives, and the Outsiders – Migrtion an dLabor Market Segmentation in Urban China; in: Annals of the Association if American Geographers; Vol. 92; No. 1; S. 103-124.

Fan, C. C. (2004): The state, the migrant labor regime, and maiden workers in China; in: Political Geography; Vol. 23; No. 3; S. 283-305.
Faulstich, W. (2004): Medienwissenschaft; Wilhelm Fink Verlag; Paderborn.

Filzmaier, P. / Gewessler, L. / Höll, O. / Mangott, G. (2006): Internationale Politik; UTB Verlag; Wien.

Flick, U. (200): Sozialforschung – Methoden und Anwendungen; Ein Überblick für die BA-Studiengänge; Rowohlt Taschenbuch Verlag; Hamburg.

Follath, E. (1998):Das Jahrhundert der Imperien – Chinas Weg zur Weltmacht; in: Der Spiegel; Nr. 51; S. 131-144.

Foxconn (2008): Corporate Social & Environmental Responsibility Report; online: http://www.foxconn.com/ser/2008%20Foxconn%20CSR%20Report%20English%20Version.pdf (abgerufen am 02.08.2011).

Foxconn (2009):Corporate Social & Environmental Responsibility Report; online: http://www.foxconn.com/ser/2009%20Foxconn%20CSER%20Report.pdf (abgerufen am 02.08.2011).

Friedman, A. L. (1977): Industry and Labour – Class Struggle at Work and Monopoly Capitalism; Macmillan Verlag; London.

Friedrich, S. (2005): Außenpolitik; in: Bundeszentrale für politische Bidung (Hrsg.); Informationen zur politischen Bildung – Volksrepublik China; Nr. 289; Bonn, S. 61-69.

Frost, S. / Burnett, M. (2007): Case Study – The Apple iPod in China; in: Corporate Social Responsibility and Environmental Management; Vol. 2; No. 2; S. 103-113.

Gabler Wirtschaftslexikon (2011a): Organisation; online: http://wirtschaftslexikon.gabler.de/Definition/organisation.html (abgerufen am 28.07.2011).

Gabler Wirtschaftslexikon (2011b): Sekundäranalyse; online: http://wirtschaftslexikon.gabler.de/Definition/soziologie.html (abgerufen am 06.01.2012).

Gareis, S. B. (2008): China – eine unsichere Weltmacht; in: Gesellschaft – Wirtschaft – Politik (GWP); Nr. 2; S. 165-171.

Geinitz, C. (2011): Auf zweifelhaftem Kurs; in: Frankfurter Allgemeine Zeitung; Sonderbeilage zu den 100 größten Unternehmen in Deutschland, Europa und der Welt; Nr. 154; 6. Juli 2011; S. U6.

Geissbauer, R. (1996): Wirtschaftspartner China; Economica Verlag; Bonn.

Germany Trade & Invest (2011a): Wirtschaftsdaten kompakt – Deutschland; Gesellschaft zur Außenwirtschaftsförderung der Bundesrepublik Deutschland; online: https://www.gtai.de/ext/anlagen/PubAnlage_7708.pdf?show=true (abgerufen am 17.06.2011).

Germany Trade & Invest (2011b): Wirtschaftsdaten kompakt – VR China; Gesellschaft zur Außenwirtschaftsförderung der Bundesrepublik Deutschland; online: http://www.gtai.de/ext/anlagen/PubAnlage_7753.pdf?show=true (abgerufen am 15.06.2011).

Gerst, D. (2002): Wandel betrieblicher Kontrollpraktiken im Lichte einer poststrukturalistischen Machtanalytik; in: SOFI-Mitteilungen; Nr. 30; S. 91-108.

Gießmann, H. J. (2009): Länderanalyse: Weltmacht oder Scheinriese? – Chinas Öffnungspolitik auf dem Prüfstand; in: Friedrich Ebert Stiftung (Hrsg.); Internationale Politikanalyse; September 2009.

Gottschalk, G. (2011): Der Große Sprung nach vorn – Der Wahnsinn des Tyrannen; in: Geo-Epoche; Nr. 51; S. 98-111.

Grabner-Haider, A. (2006): Chinesische Kultur; in: Grabner-Haider, A. (Hrsg.); Ethos der Weltkulturen – Religion und Ethik; Vandenhoeck & Ruprecht Verlag; Göttingen; S. 103-130.

Grasso, J. M. / Corrin, J. P. / Kort, M. (2009): Modernization and Revolution in China – From the Opium Wars to the Olympics; 4. Auflage; M. E. Sharpe Verlag; Armonk / London.

Grzanna, M. (2011): Ein schlechter Ruf; in: Süddeutsche Zeitung; Nr. 135; 14. Juni 2011; S. 20.

Hansch, M. (2007): Erfolgreiche Strategien zur Kontrolle ausländischer Tochtergesellschaften in multinationalen Unternehmen – Eine agency-theoretisch fundierte empirische Analyse; Gabler Edition Wissenschaft; Deutscher Universitäts-Verlag; Wiesbaden.

Hansen, S. (2011): Wieder ein Suizid beim iPad-Produzenten in China - Foxconn Elektronikriese wird das Problem trotz höherer Löhne und Produktionsverlagerung nicht los; in: Die Tageszeitung (TAZ); online: http://www.taz.de/1/archiv/print-archiv/printressorts/digi-artikel/?ressort=wu&dig=2011%252F01%252F15%252Fa0172&cHash=7c685a9e95/ (abgerufen am 12.01.2012).

Hartmann, J. (2006): Politik in China – Eine Einführung; VS Verlag für Sozialwissenschaften; Wiesbaden.

Hartz, R. (2009): Dieses Andersein aufzuheben – Grundlagen einer dialektischen Theorie der modernen Arbeitsorganisation; Verlag Westfälisches Dampfboot; Münster.

Hartz, R. / Lang, R. (2003): Neomarxismus und Kritische Theorie; in: Weik, E. / Lang, R. (Hrsg.); Moderne Organisationstheorien 2 – Strukturorientierte Ansätze; Gabler Verlag; Wiesbaden; S. 1-42.

Haug, W. F. (2006): Großer Widerspruch nach vorn?; in: Das Argument (Sonderheft) – China in Bewegung; Jg. 48; Heft 5/6; S. 1-10.

Hebel, J. / Schucher, G. (1999): Der chinesische Arbeitsmarkt – Strukturen, Probleme, Perspektiven; Institut für Asienkunde; Hamburg.

Heberer, T. (2005): Gesellschaft im Umbruch; in: Bundeszentrale für politische Bildung (Hrsg.); Informationen zur politischen Bildung – Volksrepublik China; Nr. 289; Bonn; S. 33-46.

Heberer, T. (2008): Das politische System der VR China im Prozess des Wandels; in: Heberer, T. / Derichs, C. (Hrsg.); Einführung in die politischen Systeme Ostasiens – VR China, Hongkong, Japan, Nordkorea, Südkorea, Taiwan; 2. Aktualisierte und erweiterte Auflage; VS-Verlag für Sozialwissenschaften; Wiesbaden; S. 21-178.

Heberer, T. (2010): Die Modernisierung Chinas – Analyse eines komplexen Prozesses; in: Heberer, T. / Rudolph, J.-M. (Hrsg.); China – Politik, Wirtschaft und Gesellschaft: Zwei alternative Sichten; Sonderausgabe für die Zentralen für politische Bildung in Deutschland, Wiesbaden; S. 14-139.

Heilig, G. K. (2005): Chinas Aufstieg zur wirtschaftlichen und politischen Weltmacht; AK Bildungshaus; Linz; online: http://www.gerhard-k-heilig.com/pdf/Linz_1.pdf (abgerufen am 21.07.2011).

Heilmann, S. (2004): Das politische System der Volksrepublik China; 2. Aktualisierte Auflage, VS-Verlag für Sozialwissenschaften; Wiesbaden.

Heilmann, S. (2005a): Charakteristika des politischen System; in: Bundeszentrale für politische Bildung (Hrsg.); Informationen zur politischen Bildung – Volksrepublik China; Nr. 289; Bonn; S. 22-32.

Heilmann, S. (2005b): Kurze Geschichte der Volksrepublik China; in: Bundeszentrale für politische Bildung (Hrsg.); Informationen zur politischen Bildung – Volksrepublik China; Nr. 289; Bonn; S. 5-8.

Heilmann, S. (2007): Das politische System der VR China – Modernisierung ohne Demokratie?; in: Fischer, D. / Lackner, M. (Hrsg.); Länderbericht China; 3. Auflage; Bonn; S: 181-197.

Heilmann, S. (2008): Die Volksrepublik China als lernendes autoritäres System - Experimentierende Staatstätigkeit und wirtschaftliche Modernisierung; Studie Nr. 63 zur Wirtschaft und Politik Chinas; online: http://www.chinapolitik.de/studien/china_analysis/no_63.pdf (abgerufen am 17.06.2011).

Himmelmann, H. / Hungerbach, J. (2008): Warum die Chinesen keiner versteht – und wie man trotzdem mit ihnen Geschäfte macht; Piper Verlag; München.

Holtbrügge, D. / Puck, J. (2008): Geschäftserfolg mit China – Strategien für den größten Markt der Welt; 2., überarbeitete und erweiterte Auflage; Springer-Verlag; Berlin / Heidelberg.

Hout, T. M. / Ghemawat, P. (2011): China gegen der Rest der Welt; in: Harvard Business Manager; Nr. 4; April; S. 73-85.

Hsu, S. / Shiyin, J. / Halcott, H. (2010): The Global Crisis´ Impact upon China´s Rural Migrants; in: Journal of Current Chinese Affairs; Vol. 39; No. 2; S. 167-185.

Hürtgen, S. / Lüthje, B. / Schumm, W. / Sproll, M. (2009): Von Silicon Valley nach Shenzhen – Globale Produktion und Arbeit in der IT-Industrie; VSA Verlag; Hamburg.

Jay, P. (2006): Das Streben nach Wohlstand – Die Wirtschaftsgeschichte des Menschen; Albatros Verlag; Düsseldorf.

Jones, G. R. / Bouncken, R. B. (2008): Organisation – Theorie, Design und Wandel; 5., aktualisierte Auflage; Pearson Verlag; München.

Jost, P.-J. (2008): Organisation und Motivation – Eine ökonomisch-psychologische Einführung; 2. Auflage; Gabler Verlag; Wiesbaden.

Kieser, A. (2006): Managementlehre und Taylorismus; in: Kieser, A. / Ebers, M. (Hrsg.); Organisationstheorien; 6., erweiterte Auflage; Kohlhammer Verlag; Stuttgart; S. 93-132.

Kieser, A. / Walgenbach, P. (2010): Organisation; 6., überarbeitete Auflage; Schäffer-Poeschel Verlag; Stuttgart.

Kim, D. O. (2006): Industrial relations in Asia – old regimes and new orders; in: Morley, M. J. / Gunnigle, P. / Collings, D. G. (Hrsg.); Global Industrial Relations; Routledge Verlag; London / New York; S. 146-177.

Knights, D. / Willmott, H. (1990): Labor Process Theory; Macmillan Press; Houndmills.

Knights, D. / Willmott, H. (1999): Management Lives – Power and Identity in Work Organizations; Sage Press; London.
Koch, H. (2011): Apple-Lieferant Foxconn – „Hier herrschen Befehl und Gehorsam"; in: Spiegel Online; online: http://www.spiegel.de/wirtschaft/unternehmen/0,1518,760931,00.html (abgerufen am 06.01.2012).

König, A. (2010): Chinas wandernde Massen – Die rund 200 Millionen Wanderarbeiter und ihre Gründe zur Migration; Tectum Verlag; Marburg.

Kreft, H. (2006): China – Die soziale Kehrseite des Aufstiegs; in: Bundeszentrale für politische Bildung (Hrsg.); Aus Politik und Zeitgeschichte; 49/2006; S. 15-20.

Krieg, R. / Schädler, M. (1995): Soziale Sicherheit im China der neunziger Jahre; Institut für Asienkunde; Hamburg.

Kromrey, H. (2006): Empirische Sozialforschung – Modelle und Methoden der standardisierten Datenerhebung und Datenauswertung; 11., überarbeitete Auflage; Lucius & Lucius Verlag; Stuttgart.

Krugman, P. (2009): Die neue Weltwirtschaftskrise; Campus Verlag; Frankfurt am Main/New York.

Kühl, S. (2004): Arbeits- und Industriesoziologie; transcript Verlag; Bielefeld.

Kühl, S. (2008): Wirtschaft und Gesellschaft – neomarxistische Theorieansätze; in: Maurer, A. (Hrsg.); Handbuch der Wirtschaftssoziologie; VS Verlag für Sozialwissenschaften; Wiesbaden; S. 124-151.

Kuruvilla, S. / Erickson, C. L. (2002): Change and Transformation in Asian Industrial Relations; in: Industrial Relations, Vol. 41; No. 2; S. 171-227.

Lang, R. (2010): Marxismus, Neo-Marxismus und Arbeitsprozesstheorie; Folienskript zur Vorlesung Moderne Organisationstheorien; Sommersemester 2010; Technische Universität Chemnitz.

Lang, R. / Alt, R. (2003): Organisationale Kontrolle; in: Weik, E. / Lang, R. (Hrsg.); Moderne Organisationstheorien 2 - Strukturorientierte Ansätze; Gabler Verlag; Wiesbaden; S. 307-340.

Lange, K. (2007): Knechte des Booms; Spiegel Online; online: http://www.spiegel.de/wirtschaft/0,1518,470890,00.html (abgerufen am 26.04.2011).

Lee, F. (2010): Skandal um Apple-Zulieferer Foxcon – Freitod verboten; in: TAZ online; online: http://www.taz.de/!53041/ (abgerufen am 06.01.2012).

Li, S. (2008): Rural Migrant Workers in China – Scenario Challenges and Public Policy; Workingpaper der International Labour Organisation (ILO); Genf; online: http://www.ilo.org/wcmsp5/groups/public/---dgreports/---integration/documents/publication/wcms_097744.pdf (abgerufen am 21.06.2011).

Li, W. / Twiname, L. (2010): Management Control in Reforming China - Labor process theory revisited; in: Conference Paper from 25th Cardiff Employment Research Unit (ERU) Annual Conference at Cardiff Business School; Theme: New Capitalism Ideologies of Work on Expert Work / Labour; online: http://www.cf.ac.uk/carbs/conferences/eru10/MikeandLindaCardiff9April2010.pdf (abgerufen am 18.05.2011).

Liang, Z. (2001): The Age of Migration in China; in: Population and Development Review; Vol. 27; No. 3; S. 499-524.

Liang-chih, C. / Huang, F. (2010): Foxconn plans to increase China workforce to 1.3 million; in: Focus Taiwan; online: http://focustaiwan.tw/ShowNews/WebNews_Detail.aspx?ID=201008190012&Type=aECO (abgerufen am 18.05.2011).

Lietsch, J. (2008): Wie Herr Wang ein blaues Wunder erlebte - Die Wanderarbeiter sind die Schöpfer des Wirtschaftsaufschwungs in China; in: Südkurier; online: http://www.suedkurier.de/news/seite3/Wie-Herr-Wang-ein-blaues-Wunder-erlebte;art1798,3354554 (abgerufen am 25.04.2011).

Lietsch, J. (2010a): Foxconn – Die dunkle Seite des Erfolgs; in: Die Presse; online: http://diepresse.com/home/wirtschaft/international/571162/Foxconn_Die-dunkle-Seite-des-Erfolges (abgerufen am 12.01.2012).

Lietsch, J. (2010b): In China erwacht die Arbeiterschaft; in: Südkurier; online: http://www.suedkurier.de/news/wirtschaft/wirtschaft/In-China-erwacht-die-Arbeiterschaft;art410950,4432965,0 (abgerufen am 25.04.2011).

Littler, C. R. (1978): Understanding Taylorism; in: British Journal of Sociology; Vol. 29; No. 2; S. 185-202.

Littler, C. R. (1987): Theorie des Managements und Kontrolle; in: Hildebrandt, E. / Seltz, R. (Hrsg); Managementstrategien und Kontrolle – Eine Einführung in die Labour Process Debate; Edition Sigma Verlag; Berlin; S. 27-76.

Lon-ar, D. (2005): Postmodern Organization and New Forms of Organizational Control; in: Economic Annals; Vol. 50; No. 165; April – Juni; S. 105-120.

Lovell, J. (2007): Die große Mauer; Konrad Theiss Verlag; Stuttgart.

Lüthje, B. (2006): Ökonomische Modernisierung und industrielle Beziehungen im neuen chinesischen Kapitalismus; in: Das Argument (Sonderheft) – China in Bewegung; Jg. 48; Heft 5/6; S. 61-75.

Lüthje, B. (2007): Desorganisierter Despotismus - Globale Produktion , soziale Diskriminierung und Arbeitsbeziehungen in der Elektronikindustrie in China; in: Aulenbacher, B. / Funder, M. / Jacobsen, H. / Völker, S. (Hrsg.); Arbeit und Geschlecht im Umbruch der modernen Gesellschaft - Forschung im Dialog; VS Verlag für Sozialwissenschaften; Wiesbaden; S. 201-216.

Lüthje, B. (2008): Arbeitspolitik in der chinesischen IT-Industrie – neue Perspektiven in der Diskussion um internationale Arbeitsstandards; Studie im Auftrag der Hans-Böckler-Stiftung mit dem Schwerpunkt Strukturwandel – Innovation und Beschäftigung; Institut für Sozialforschung (IfS) an der Johann Goethe Universität Frankfurt am Main; online: http://www.boeckler.de/pdf_fof/S-2007-14-1-1.pdf (abgerufen am 03.08.2011).

Lutz-Bachmann, M. (2007): Karl Marx – Das Kapital; in: Brocker, M. (Hrsg.); Geschichte des politischen Denkens – Ein Handbuch; Suhrkamp Verlag; Frankfurt am Main; S. 451-565.

Maier, W. (1991): Kontrolle und Subjektivität in Organisationen – Eine organisationspsychologische Untersuchung; Westdeutscher Verlag; Opladen.

Maier, A. / Rickens, C. (2011): Das Ende des Appsolutismus; in: managermagazin; 41. Jg.; Nr. 7; Juli; S. 36-44.

Marx, K. (1961): Das Kapital – Kritik der politischen Ökonomie; Buch 1 – Der Produktionsprozess des Kapitals; 10. Auflage; Dietz Verlag; Berlin.

Marx, K. / Engels, F. (2007): Manifest der Kommunistischen Partei; gem. der Erst-ausgabe von 1848; Philipp Reclam jun. Verlag; Stuttgart.

Matys, T. (2006): Macht, Kontrolle und Entscheidungen in Organisationen – Eine Einführung in organisationale Mikro-, Meso- und Makropolitik; VS Verlag für Sozial-wissenschaften; Wiesbaden.

Maurer, A. (2004): Herrschaftssoziologie – Ein Einführung; Campus Verlag; Frankfurt am Main/New York.

Mayer-Kuckuk, F. (2012): Foxconn - Der Riese hinter Apple; in: Handelsblatt; online: http://www.handelsblatt.com/unternehmen/industrie/der-riese-hinter-apple/6017760.html?p6017760=all (abgerufen am 09.01.2012).

Meiksins, P. (1994): Labor and Monopoly Capital for the 1990s – A Review and Critique of the Labor Process Debate; in: Monthly Review; Vol. 46; No. 6; S. 46-59.

Menshausen, S. (2007): Wirtschaftsstrukturen und Chancen der VR China; hrsg. von der Bundesagentur für Außenwirtschaft; online: http://www.erfolginchina.com/fileadmin/junius/China_Wirtschaftsstruktur_und_Chancen_2007_1_.pdf (abgerufen am 15.06.2011).

Meyer, R. (2010): The Perils of Good Labor Standards in China; in: Compliance Week; Vol. 7; No. 81; S. 59-63.

Mikl-Horke, G. (2007): Industrie- und Arbeitssoziologie; 6., vollständig überarbeitete Auflage; Oldenbourg Verlag; München / Wien.

Ming-Jer, C. (2004): Geschäfte machen mit Chinesen – Insiderwissen für Manager; Campus Verlag; Frankfurt am Main.

Minssen, H. (2006): Arbeits- und Industriesoziologie – Eine Einführung; Campus Verlag; Frankfurt am Main/New York

Müller-Jentsch, W. (1997): Soziologie der Industriellen Beziehungen – Eine Einfüh-rung; 2., überarbeitete und erweiterte Auflage; Campus Verlag; Frankfurt am Main/New York.

Negt, O. (2006): Das größte Gesellschaftsexperiment der Gegenwart; in: Das Argument (Sonderheft) – China in Bewegung; Jg. 48; Heft 5/6; S. 11-29.

Ohne Verfasser (2010a): Rising industrial unrest; in: Business China; Vol. 36; No. 14; S. 3-4.

Ohne Verfasser (2010b): Wirtschaftsgigant China – Seine Potenziale; in: Südkurier; online: http://www.wiso-net.de/webcgi?START=%20A60&DOKVDB= SK&DOKV_NO=A23IB HML&DOKV_HS=0&PP=1 (abgerufen am 29.04.2011).

Ohne Verfasser (2010c): Elektronikgigant Foxconn im Zwielicht; in: Beijing Rundschau; online: http://german.beijingreview.com.cn/german2010/Focus/2010-06/02/content_276302.htm (abgerufen am 15.04.2011).

Ohne Verfasser (2010d): Foxconn plans to increase China workforce to 1.3 million; in: Focus Taiwan; online: http://focustaiwan.tw/ShowNews/WebNews_Detail.aspx?ID=201008190012&Type=aECO (abgerufen am 12.01.2012).

Ohne Verfasser (2010e): Nach Selbstmorden – Foxconn verdoppelt Löhne; in: Wirtschaftsblatt; online: http://www.wirtschaftsblatt.at/home/boerse/binternational/nach-selbstmorden-foxconn-verdoppelt-loehne-423862/index.do (abgerufen am 12.01.2012).

Opitz, M. (2010): Wanderarbeiter und Hochqualifizierte – Chinas Migrationspolitik unter Druck; Serie Länderberichte der Konrad Adenauer Stiftung; Peking; S. 21-48; online: http://www.kas.de/china/de/publications/22958/ (abgerufen am 21.06.2011).

Overholt, W. H. (2010): China in the Global Financial Crisis – Rising Influence, Rising Challenges; in: The washington Quarterly; Vol. 33; No. 1; S. 21-34.

Peters, S. / Brühl, R. / Stelling, N. (1998): Betriebswirtschaftslehre – Einführung; 8., durchgesehene Auflage; Oldenbourg Verlag; München / Wien.

Platthaus, A. (2011): Chinas großes Experiment – Was sich alles ändern soll; in: Frankfurter Allgemeine Zeitung; online: http://www.faz.net/aktuell/feuilleton/debatten/chinas-grosses-experiment-was-sich-alles-aendern-soll-11533086.html (abgerufen am 22.11.2011).

Pries, L. (2010): Erwerbsregulierung in einer globalisierten Welt; VS Verlag für Sozialwissenschaften; Wiesbaden.

Reed, M. (2001): Organization, Trust and Control – A Realist Analysis; in: Organization Studies; Vol. 22; No. 2; S. 201-228.

Reed, M. / Hughes, M. (1994): Rethinking Organization – New Directions in Organization Theory and Analysis; Sage Press; London/Thousand Oaks/New Delhi.

Reuters (2009): China's urban-rural wealth gap widens in 2008; online: http://in.reuters.com/article/2009/01/22/china-economy-incomes-idINPEK1056320090122 (abgerufen am 08.07.2011).

Rudolph, J.-M. (2010): Charakteristika der chinesischen Autokratie; in: Heberer, T. / Rudolph, J.-M. (Hrsg.); China – Politik, Wirtschaft und Gesellschaft: Zwei alternative Sichten; Sonderausgabe für die Zentralen für politische Bildung in Deutschland; Wiesbaden; S. 141-270.

Sablowski, T. (2000): Richard Edwards; in: Türk, K. (Hrsg.); Hauptwerke der Organisationstheorie; Westdeutscher Verlag; Wiesbaden; S. 104-106.

Sacom (2010): Workers as Machines – Military Management in Foxconn; Studie von Sacom – Students and Scholars Against Corporate Misbehaviour; online: http://www.germanwatch.org/corp/makeitfair-upd1010rep.pdf (abgerufen am 11.01.2012).

Saller, W. (2011): S. Kulturrevolution – Der Krieg der Kinder; in: Geo-Epoche; Nr. 51; S. 112-125.

Sandschneider, E. (2007): Globale Rivalen – Chinas unheimlicher Aufstieg und die Ohnmacht des Westens; Hanser Verlag; München.

Sawall, A. (2010): 12-Stundenschichten und Sprechverbot; online: http://www.golem.de/1005/75372.html (abgerufen am 06.01.2012).

Scherer, A. G. (2006): Kritik der Organisation oder Organisation der Kritik? - wissenschaftstheoretische Bemerkungen zum kritischen Umgang mit Organisationstheorien; in: Kieser, A. / Ebers, M. (Hrsg.); Organisationstheorien; 6., erweiterte Auflage; Kohlhammer Verlag; Stuttgart; S. 19-62.

Schlüter, N. / Wendel, T. (2011): Foxconns neue Billigarbeiter; in: Financial Times Deutschland; 2. August; S. 8.

Schmalz, S. (2006): Ein Entwicklungsland als werdende Weltmacht; in: Das Argument (Sonderheft) – China in Bewegung; Jg. 48; Heft 5/6; S. 30-39.

Schmidt-Glintzer, H. (2006): Das Neue China – Von den Opiumkriegen bis heute; 4., überarbeitete Auflage; Beck Verlag; Nördlingen.

Schnell, R. / Hill, P. B. / Esser, E. (2011): Methoden der empirischen Sozialforschung; 9. Auflage; Oldenbourg Verlag; München.

Schreyögg, G. (2003): Organisation – Grundlagen moderner Organisationsgestaltung, mit Fallstudien; 4., vollständig überarbeitete und erweiterte Auflage; Gabler Verlag; Wiesbaden.

Schucher, G. (2009): China´s Employment Crisis – A Stimulus for Policy Change?; in: Journal of Current Chinese Affairs; Vol. 38; No. 2; S. 121-144.

Schüller, M. (2010): VR China; Auszug aus dem Wirtschaftshandbuch Asien-Pazifik 2010/2011 des OAV – German Asia-Pacific Busniess Association; online: http://www.oav.de/fileadmin/mo/c/wiha/wh_2010_china_lang_cn.pdf (abgerufen am 06.07.2011).

Schulte-Zurhausen, M. (2010): Organisation; 5., überarbeitete und aktualisierte Auflage; Verlag Franz Vahlen; München.

Schütze, W. (1995): China im Wandel – Freie Wirtschaft und Herrschaft der Partei; Studie zu den innenpolitischen Auswirkungen der chinesischen Wirtschaftsreform; AL.BE.CH. Verlag; Lüneburg.

Seitz, K. (2006): China – eine Weltmacht kehrt zurück; 2. Auflage, München.

Seliger, B. (2006): Die neue politische Ökonomie Ostasiens und die Rolle Chinas; in: Bundeszentrale für politische Bildung (Hrsg.); Aus Politik und Zeitgeschichte; 49/2006; S. 9-14.

Spangler, E. (1981): Book Review – Organization, Class and Control; in: Contemporary Sociology; Vol. 10; No. 5; S. 677-678.

Stahl, S. / Mihr, U. (1995): Die Krallen der Tiger und Drachen – Wirtschaftsboom und Selbstbewusstsein in Asien; Droemer Knaur Verlag; München.

Steinmann, H. / Schreyögg, G. (1993): Management - Grundlagen der Unternehmensführung - Konzepte, Funktionen, Fallstudien; 3., überarbeitete und erweiterte Auflage; Gabler Verlag; Wiesbaden.

Stolz, H. J. / Türk, K. (1992): Organisation als Verkörperung von Herrschaft; in: Lehner, F. /Schmid, J. (Hrsg.); Technik – Arbeit – Betrieb – Gesellschaft: Beiträge der Industriesoziologie und Organisationsforschung; Leske + Budrich Verlag; Opladen; S. 125-171.

Taube, M. (2007): Wirtschaftliche Entwicklung und struktureller Wandel seit 1949; in: Fischer, D. / Lackner, M. (Hrsg.); Länderbericht China; 3. Auflage; Verlag der Bundeszentrale für politische Bildung; Bonn; S. 248-264.

Taylor, F. W. (1983): Die Grundsätze wissenschaftlicher Betriebsführung; Nachdruck der Originalausgabe von 1919; 2. Auflage; Raben Verlag; München.

Taylor, B. (2002): Privatization, Markets and Industrial Relations in China; in: British Journal of Industrial Relations; Vol. 40; No. 2; S. 249-272.

Taylor, B. / Kai, C. / Qi, L. (2003a): Industrial Relations in China; Edward Elgar Verlag; Cheltenham / Northhampton.

Taylor, J. E. / Rozelle, S. / de Brauw, A. (2003b): Migration and Incomes in Source Communities – A New Economics of Migration Perspective in China; in: Economic Development and Cultural Change; Vol. 52; No. 1; S. 75-101.

ten Brink, T. (2010): Chinas neuer Kapitalismus – Wachstum ohne Ende?; in: Bundeszentrale für politische Bildung (Hrsg.); Aus Politik und Zeitgeschichte; 39/2010; S. 9-15.

Thommen, J.-P. / Achleitner, A.-K. (2006): Allgemeine Betriebswirtschaftslehre – Umfassende Einführung aus managementorientierter Sicht; 5., überarbeitete und erweiterte Auflage; Gabler Verlag; Wiesbaden.

Thompson, P. (1983): The Nature of Work; Macmillan Press; Houndmills.

Thompson, P. / McHugh, D. (1990): Work Organisations – A Critical Introduction; Macmillan Press; London.

Thompson, P. / Smith, C. (2009): Waving Not Drowning – Explaining and Exploring the Resilience of Labor Process Theory; in: Employee Responsibilities and Rights Journal; Vol. 21; No. 3; S. 253-262.

Tunon, M. (2006): Internal Labour Migration in China – Features and Responses; Workingpaper der International Labour Organisation (ILO); Peking; online: http://www.preventtraffickingchina.org/english/Website_Files/Labour%20Migration%20in%20China%20-%20Max%20March06.pdf (abgerufen am 21.06.2011).

Türk, K. (1995): Die Organisation der Welt; Westdeutscher Verlag; Opladen.

VEB Bibliographisches Institut Leipzig (1985): Universal Lexikon; Band 1; Leipzig.

Wachtler, G. (2000): Harry Braverman; in: Türk, K. (Hrsg.); Hauptwerke der Organisationstheorie; Westdeutscher Verlag; Wiesbaden; S. 46-48.

Wang, H. / Appelbaum, R. P. / Degiuli, F. / Lichtenstein, N. (2009): China´s New Labour Law – is China moving towards increased power for workers?; in: Third World Quarterly; Vol. 30; No. 3; S. 485-501.

Watson, A. (2009): Social Security for China´s Migrant Workers – Providing for Old Age; in: Journal of Current Chinese Affairs; Vol. 38; No. 4; S. 85-115.

Weik, E. (2003): Strukturalismus und Poststrukturalismus; in: Weik, E. / Lang, R. (Hrsg.); Moderne Organisationstheorien 2 - Strukturorientierte Ansätze; Gabler Verlag; Wiesbaden; S. 43-91.

Witzel, A. / Medjedovic, I. / Ketzer, S. (2008): Sekundäranalyse qualitativer Daten – Zum gegenwärtigen Stand einer neuen Forschungsstrategie; in: Historical Social Research; Vol. 33; No. 8; S. 10-32.

Wöhe, G. (1993): Einführung in die Allgemeine Betriebswirtschaftslehre; 18., überarbeitete und erweiterte Auflage; Verlag Franz Vahlen; München.

Ye, X. (2009):China´s Urban-Rural Integration Policies; in: Journal of Current Chinese Affairs; Vol. 38; No. 4; S. 117-143.

Zhang, W. (2005): Sozialwesen in China; Dissertation der Technischen Universität Chemnitz; philosophische Fakultät; Chemnitzer Beiträge zur Sozialpädagigik – Band 2.

Zhao, Y. (2003): The Role of Migrant Networks in Labor Migration – The Case of China; in: Contemporary Economic Policy; Vol. 21; No. 4; S: 500-511.

Zhao, Z. (2005): Migration, Labor Market Flexibility, and Wage Determination in China – A Review; in: The Developing Economies; Vol. 43; No. 2; S. 285-312.

Zinzius, B. (2007): China-Handbuch für Manager – Kultur, Verhalten und Arbeiten im Reich der Mitte; Springer Verlag; Berlin / Heidelberg.

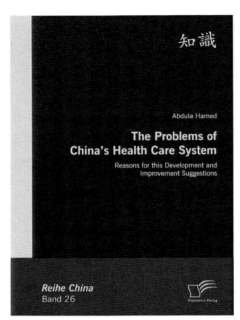

Abdula Hamed

The Problems of China's Health Care System
Reasons for this Development and Improvement Suggestions

Diplomica 2010 / 128 Seiten / 39,50 Euro

ISBN-13: 978-3-8366-9561-9
EAN: 9783836695619

In the public media the positive developments of China dominate there to the industrial state, while the shadow sides of this development, among the rest, the health system are hardly picked out as a central theme.

A row of dramatic scenes and riots in the town and her surroundings, caused by varied deficits in the health system, was decisive to write about this complicated subject and their problems. To learn more about the reasons of the deficits in the health system was the aim. In spite of many efforts of the government some population groups seem to have been neglected by this system up to now. Many vital menaces caused by illnesses ask for an urgent solution. This work wants to pick out as a central theme the failure of the farmers in the area "Health" and "Illness", discuss the being in way difficulties and indicate possible improvements in the health service, the area "doctor's patient" as well as structural areas concerning.

Christina Acuna

Bildung und Berufsbildung in der Volksrepublik China
Strukturen, Probleme und Perspektiven

Diplomica 2011 / 132 Seiten / 39,50 Euro

ISBN-13: 978-3-8428-5841-1
EAN: 9783842858411

Nach vorherrschender Meinung gelten Bildung und Ausbildung als Schlüssel zur gesellschaftlichen und wirtschaftlichen Entwicklung eines jeden Landes. Das Bildungswesen stellt somit eine entscheidende Grundlage für den Fortschritt eines Staates dar. Für die wirksame Erhöhung der wirtschaftlichen Effizienz sowie globalen Konkurrenzfähigkeit muss es kontinuierlich ausgebaut werden. Auch die Volksrepublik China hat im Zuge des sozioökonomischen Transformationsprozesses die Erkenntnis über den direkten Zusammenhang zwischen Bildungsniveau und Wirtschaftseffizienz gewonnen.

In diesem Buch widmet sich die Autorin Christina Acuna der Entwicklung, den Strukturen und den Schwachstellen des chinesischen Bildungswesens. Dabei gibt sie einführend einen Überblick über die verschiedenen Ebenen des allgemeinen und beruflichen Bildungssystems. Sie zeigt auf, welchen Einfluss die chinesische Regierung aufgrund ihrer staatlichen Aktivitäten auf die Entwicklung des heutigen Bildungswesens hat und stellt wichtige Perspektiven vor.

Johanna Steinberg

Sozialer Wohnungsbau in den Städten Chinas

Diplomica 2012 / 176 Seiten /
39,50 Euro

ISBN-13: 978-3-8428-7864-8
EAN: 9783842878648

Seit der Privatisierung der Wohnimmobilien in den achtziger Jahren in China, sieht sich die Stadtbevölkerung mit überteuerten Wohnungspreisen konfrontiert. Um die Wohnverhältnisse der Bevölkerung zu verbessern und die Immobilienpreise zu stabilisieren, förderte die Regierung in den letzten zehn Jahren verstärkt die soziale Wohnraumförderung. Die Aktivitäten, die in den letzten zehn Jahren eingeleitet wurden, um preiswerten Wohnraum zu schaffen, sind vielschichtig und haben Pilotcharakter.

Zwei zentrale Instrumente der Wohnraumförderung sind die Eigentumsförderung und Vergrößerung des sozialen Mietwohnungsbestandes. Bis Ende 2010 konnten 15 Millionen einkommensschwache Haushalte vom Wohnraumförderungssystem profitieren. Bis zum Jahr 2015 sollen weitere 36 Millionen subventionierte Wohneinheiten geschaffen werden.

Im Buch werden der politische, rechtliche, steuerliche und finanzielle Rahmen des Wohnraumförderungssystems erläutert. Ebenfalls wird auf die entstehenden Probleme, Maßnahmen und Erfolge eingegangen.